我的爷爷杨靖宇

马继志 —— 口述
王莹 金华彬 —— 整理

吉林人民出版社

出 品 人：常　宏
选题策划：吴文阁
责任编辑：赵梁爽
助理编辑：葛皓冰
内页插图：赵明仁　周武发
装帧设计：李　媛　吾擅设计

图书在版编目（CIP）数据

我的爷爷杨靖宇 / 马继志口述；王莹，金华彬整理. 长春：吉林人民出版社，2025.8 —— ISBN 978-7-206-22338-9

Ⅰ.K825.2

中国国家版本馆CIP数据核字第2025KZ0976号

我的爷爷杨靖宇

WO DE YEYE YANG JINGYU

| 口　　述：马继志 |
| 整　　理：王　莹　金华彬 |
| 出版发行：吉林人民出版社 |
| 　　　　　（长春市人民大街7548号　邮政编码：130022） |
| 印　　刷：吉林省科普印刷有限公司 |
| 开　　本：889mm×1194mm　1/32 |
| 印　　张：10.5 |
| 字　　数：160千字 |
| 标准书号：ISBN 978-7-206-22338-9 |
| 版　　次：2025年8月第1版 |
| 印　　次：2025年8月第1次印刷 |
| 定　　价：68.00元 |

如发现印装质量问题，影响阅读，请与出版社联系调换。

代　序

忠魂不泯，精神永存

抗日战争是近代以来中国人民反抗外敌入侵持续时间最长、规模最大、牺牲最多的民族解放斗争，也是中国第一次取得完全胜利的民族解放斗争。在这场长达十四年的斗争中，中华大地上涌现出无数英雄儿女，他们用鲜血谱写了感天动地的雄壮史诗，挺起了坚贞不屈的民族脊梁。东北抗日联军的创建人和领导者之一杨靖宇将军便是其中的杰出代表。2020年7月，习近平总书记考察吉林时指出："抗日战争时期，在极其恶劣的条件下，杨靖宇将军领导抗日武装冒着零下四十摄氏度的严寒，同数倍于己的敌人浴血奋战，牺牲时胃里全是枯草、树皮、棉絮，没有一粒粮食，其事迹震撼人心。"

本书由杨靖宇将军的后人马继志口述，由吉林杨靖宇干部学院王莹、金华彬两位老师整理，将英雄的事迹详细记述并娓娓道来，既是宝贵的史料，也是生动的故事，对于相关领域学术研究，以及在全社会范围内营造传承红色基因、赓续红色血脉的浓厚氛围都具有十分重大的意义。

以英勇战绩诠释东北抗联精神

本书以简洁明了的语言，清晰勾勒出杨靖宇将军的戎马生涯。他先后五次被捕入狱，屡遭酷刑，但始终刚毅不屈，脱险之后立即投入战斗。1931年九一八事变后，杨靖宇任中共哈尔滨市委书记，兼满洲省委军委代理书记，积极领导东北人民的抗日斗争。1932年11月，他被派往南满磐石、海龙（今梅河口）一带巡视，整顿党的组织和抗日游击队。他率领东北人民革命军第一军（后改编为东北抗日联军第一路军，1936年7月与东北抗日联军第二军合编为东北抗日联军第一路军）在极端困苦的环境中给予日寇沉重打击，在林海雪原留下"抗联从此过，子孙不断头"的铮铮誓言，令敌人闻风丧胆。1940年2月23日，战斗至最后一人的杨靖宇在重感冒、高烧、左臂枪伤溃烂，且断粮多日的情况下拒绝敌人劝降，壮烈牺牲。杨靖宇将军的英勇事迹，展现出忠诚于党的坚定信念，勇赴国难的民族大义，血战到底的英雄气概，生动诠释了东北抗联精神，令人读之深受教育、备受感动。

以历史细节展现英雄立体形象

本书讲述了杨靖宇将军诸多鲜为人知的故事。年轻时的杨靖宇因母亲寡居不能穿鲜艳的衣服而深感遗憾，为了让母亲能够穿上漂亮的衣服，他选择考入河南省立第一工业学校学习印染专业。投身抗日斗争之后，军旅生活中的杨靖宇依然保留着知识分子的本色，注重以文化人，加强对战士们的文化教育。他还热爱音乐，常年随身携带一把口琴，时常吹奏歌曲以抚慰战士情绪、提振军心。书中还讲述了杨靖宇在物质极度匮乏的环境中，将食物、棉衣留给战士，自己则常常在隆冬时节仅穿一身单衣……这些历史细节，为杨靖宇将军高大伟岸的形象增添了几分"人情味"，为读者呈现了一位有血有肉、可亲可敬的英雄形象。

以后代故事传递红色家风力量

本书在记述杨靖宇将军事迹之余，还讲述了其后代的人生轨迹。杨靖宇牺牲后，家人在很长一段时间内并不知情,杨靖宇的妻子至死不知丈夫下落。杨靖宇的儿子后来牺牲在工作岗位上。杨靖宇的次孙,即本书作者马继志,参军报国,曾在对越自卫反击战中负伤,并荣立三等功。作者的儿子、杨靖宇的曾孙马铖明则扎根基层,在曾祖父战斗过的地方为乡村振兴贡献力量。这个家族曾因亲人的牺牲而承受巨大悲伤,却从未以英雄后代的身份为自己牟利,他们在不同年代、不同岗位,以不同方式展现了爱国情怀与奉献精神,传递了红色家风的伟大力量。

习近平总书记指出,崇尚英雄才会产生英雄,争做英雄才能英雄辈出。今年是中国人民抗日战争暨世界反法西斯战争胜利80周年,也是杨靖宇将军诞辰120周年、殉国85周年。在这样一个特殊的时间节点,这本记述英雄故事、传承英雄精神的感人之作,带领我们回望那个战火纷飞、硝烟四起的岁月,感受无数英烈为实现民族复兴不畏牺牲、前仆后继的伟大精神,引导我们在新时代、新征程沿着英雄的足迹继续踔厉奋发、勇毅前行!

中国共产党历史展览馆馆长
李宗远
2025 年 7 月 30 日

前　言

以血脉的温度
触摸历史的厚度

作为吉林杨靖宇干部学院的教师，我们有幸承担了《我的爷爷杨靖宇》一书的整理工作，倍感荣幸。这本书以民族英雄杨靖宇将军之孙马继志对家族的追忆为独特视角，通过口述方式生动再现了将军在抗日战争中的卓越贡献、英勇事迹及崇高品格，同时也展现了这一红色基因在将军后代中的传承。

杨靖宇将军是中国无产阶级革命家、东北抗日联军创建人和领导人，是伟大的抗日民族英雄。在极其艰难的条件下，他领导创建了我党在南满的第一个抗日根据地，带领东北抗联第一路军转战白山松水之间，用鲜血和生命书写了"头颅可断腹可剖，烈气难消志不磨"的铮铮誓言，铸就了中华民族不屈的气节和忠魂。他的英雄事迹已成为东北抗联精神的具体体现，并被载入共和国史册。他的革命精神如何传承、家风如何延续，这些问题的答案可以从杨靖宇将军之孙马继志先生的讲述中找到。马继志先生以家族视角还原了将军鲜为人知的家庭生活、战斗细节与精神传承，这些兼具历史厚度与亲情温度的故事，让我们得以看见一个更立体、更真实的杨靖宇。

在整理过程中，我们遵循"尊重历史、还原真实"的原则，以马继志口述为主体，同时穿插抗联老战士口述、地方史志等多维度史料，力求让口述追忆与文献史料形成互证。我们着重挖掘那些展现东北抗联精神的细节，无论是杨靖宇将军在孤立无援时的英勇抗争，还是抗联战士在极端艰苦环境中的坚守，都具象化为"忠诚于党的坚定信念、勇赴国难的民族大义、血战到底的英雄气概"这一东北抗联精神的核心内涵。同时，我们关注到英雄精神的传承和传播需跨越时空和语境的界限，在当代社会中以"带着呼吸、带着温度"的方式呈现。书中生动的细节描写正是这种形式的体现：少年杨靖宇跃登宋代点将台，立志效仿岳飞"驾长车，踏破贺兰山缺"，表现其早年救国理想的萌芽；在林海雪原中，他以游击战让敌人惊呼"神出鬼没"，展现其军事才华的同时，也让其战略智慧跨越时代；桦树林间，他笔蘸硝烟创作战歌，让不识字的战士理解抗战救国的道理，彰显革命浪漫主义精神。这些灵动的记忆让教科书上的英雄回归为有血有肉的人，也让"忠诚、坚守、无畏"的革命英雄精神更易被当代人感知。

我们对马继志先生的贡献致以崇高的敬意，他多年来对爷爷事迹的整理和研究，让这段战火硝烟中的珍贵追忆得以面世，更让红色家风成为民族精神的写照。同时，谨以此书向所有如杨靖宇将军一般为抗战胜利献身的先烈致敬：英雄精神永存，红色基因永续。当我们以笔墨为英雄铸就丰碑时，既是对历史的深情回望，更是对未来的无限期许。正如书中所展现的，杨靖宇将军的精神早已超越家族记忆，成为中华民族面对艰难险阻时永不褪色的精神旗帜。愿更多读者能够在历史的维度中探寻其深厚内涵，让东北抗联精神薪火相传、生生不息，绽放更加耀眼的时代光芒。

王 莹　金华彬

2025 年 5 月 21 日

目 录

第一章　从壮志少年到铁血征程 / 1

第二章　爷爷的名字 / 33

第三章　我的姑姑叫"躲儿" / 59

第四章　爷爷的军事指挥才能 / 83

第五章　爷爷的"人情味" / 117

第六章　以文化人，创造了形式多样的抗联文化 / 141

第七章　爷爷的"愿望" / 173

第八章　爷爷牺牲前的一百余天 / 195

目录

第九章　　爷爷的遗物 / 227

第十章　　爷爷牺牲后的三次安葬 / 247

第十一章　　不能给爷爷脸上抹黑 / 269

第十二章　　扎根吉林，传承红色精神 / 297

后　　记 / 311

第一章 从壮志少年到铁血征程

第一章 从壮志少年到铁血征程

小时候,爷爷在我心中一直是一个既模糊又清晰的形象。模糊的是那张老照片中的马尚德,清晰的是书本里顶天立地的杨靖宇。我的爷爷杨靖宇是东北抗日联军的主要创建人和领导人,是中国无产阶级革命家、军事家、民族英雄。在短暂的三十五年人生中,他为了中华民族的独立和解放而不断奋斗,用鲜血和生命向党和人民交上了一份悲壮而不朽的答卷。作为一名优秀的共产党员,他毫无保留地把自己的一切奉献给了民族独立和人民解放事业。虽然他的一生如此短暂,却与中华民族的命运紧密相连。虽然我没有见过他,但我的身体里流淌着他的血液。爷爷那高大威武的形象深深印刻在我的心中,他那勇往直前、永不放弃的大无畏精神,始终激励着我们马家的后代不断成长和进步。

1905年2月13日(农历正月初十),我的爷爷马尚德（字骥生）出生在河南省确山县李湾村，乳名顺清，参加革命工作后，还用过杨靖宇、张贯一、乃超、元海等化名。在他五岁时，我的太爷爷因积劳成疾而病故，留下太奶奶带着一儿一女艰难度日。太奶奶一生任劳任怨、不计得失、通情达理，这些坚韧、优良的品质对爷爷产生了深远的影响。七岁那年，太奶奶将他送到了村里的私塾读书。在风雨飘

◆ 杨靖宇使用过的砚台

第一章 从壮志少年到铁血征程

◆ 杨靖宇(前排右)在河南省立第一工业学校就读时与同学的合影

摇的年代,历经磨难的童年深深刻印在爷爷心中,也铸就了他勤劳刻苦的品格和坚韧不拔的毅力。

1918年,爷爷考入确山县立高等小学。这所学校与乡间私塾截然不同。所学课程涵盖修身、国文、算术、历史、地理、手工、图画、唱歌、体操等,这使爷爷接触到了更多、更新

◆ 杨靖宇将军在开封的读书处(河南省立第一工业学校旧址)

◆ 北京大学马克思学说研究会建立的"亢慕义斋"图书室

第一章 从壮志少年到铁血征程

鲜的知识。在确山县立高等小学读书期间,爷爷积极参加抵制日货的斗争,跟随进步师生走上街头张贴标语、分发传单、查封日货。从那时起,爷爷开始在师生中崭露头角。

1923年秋,爷爷以优异的成绩考入河南省立第一工业学校(校址在开封)。学校分为初级班和高级班,学制均为三年,初级班相当于初中教育阶段,高级班设纺织、印染两个专业,爷爷成为初级班学生。正是在这里,他第一次接触到了《新青年》《向导》等宣传马列主义理论的进步刊物,并加入了李大钊发起并在北京大学成立的"马克思学说研究会",成为开封地区唯一入选的进步青年。从此,马克思主义成为爷爷毕生的坚定信仰。

1925年,骇人听闻的"五卅"惨案爆发,全国上下都掀起了反帝爱国运动,河南各地民众反抗英日帝国主义的情绪也顿时激昂起来。开封人民热烈响应,纷纷组织起了"沪案后援会",展开了宣传、示威、抗议、募捐等活动。作为河南省立第一工业学校的学生代表,爷爷积极组织学生开展反帝宣传活动，义无反顾地返回确山县，鼓励广大农民参与反帝反封建斗争。在这场斗争中，爷爷经过锤炼，斗志更加昂扬，确山的群众在这场运动中被动员起来，这一切为后来的确山农民暴动奠定了重要的思想基础。

1926年秋，爷爷加入了中国共产主义青年团。同年10月，北伐军占领武汉三镇，中国共产党为了支援北伐军向河南进军，在各地积极组织群众开展各类声援活动。受中共河南省党组织派遣，爷爷回到豫南老家组织农

◆ 北京大学马克思学说研究会发展人及部分会员名单

◆ 确山县农民协会会旗

民运动。在此期间，爷爷除了组织京汉铁路沿线工人破坏军阀交通线，还在确山、信阳等地办起了农民夜校，向当地农民宣传革命道理，同时组织起农民协会，打土豪、反军阀。这一年，爷爷的学业中断了。

1927年2月，爷爷被选为确山县农民协会执行委员会委员长。4月，爷爷以总指挥的身份领导了几万人参加了确山农民暴动，并成立了确山县临时治安委员会，这是河南地区最早建立的农工革命政权。由于确山农民暴动有力地配合了国民革命军北伐，武汉国民政府将"革命先锋"锦旗授予了爷爷所在的确山县农民协会。就在这

◆ 确山县农民协会欢迎北伐军

◆ 杨靖宇入党宣誓旧址——福音堂

第一章 从壮志少年到铁血征程

◆ 杨靖宇在开封、洛阳等地从事地下工作期间曾三次被捕,这是关押地之一的开封第一监狱

次大革命风暴席卷全国之时,蒋介石发动"四一二"反革命政变,无数共产党人和革命群众倒在了血泊之中,第一次国共合作破裂,大革命从高潮走向失败。①一些不坚定分子纷纷脱党,甚至出卖自己的同志以邀功请赏。

1927年6月,爷爷毅然加入中国共产党。关于爷爷的入党时间,说法不一。有人说爷爷是

---

① 中共中央党史研究室:《中国共产党历史》第一卷(1921—1949),中共党史出版社,2011年版,第205页。

◆ 中共中央（上海）干部训练班旧址

1926年入党，但据李则青回忆，是他为爷爷主持的入党宣誓仪式。

1927年11月1日，爷爷参加领导了刘店秋收起义。当日半夜，爷爷带领六十余人向刘店进发，并号召附近农民前来参加斗争。战斗中，爷爷不仅指挥农民军沉着应战，还高声呼吁顽抗的敌军投降，放下手中的武器。结果，不到一个小时，在爷爷的政治攻势下，敌军士兵大部放弃抵抗，纷纷缴枪投降。刘店被暴动农民占领后，确山县革命委员会成立，爷爷被选举

第一章 从壮志少年到铁血征程

◆ 中共满洲省委旧址（沈阳）

◆ 抚顺新站七条通日本警察署拘留所关押杨靖宇处

◆ 关押杨靖宇的奉天（沈阳）第一监狱旧址

为县革命委员会委员。

1928年春，爷爷匆匆地回了一趟家，看了一眼奶奶和两个孩子后，便又匆匆离开了家。

谁也没想到，这一走竟成了永别！当时，家人并不知道爷爷去了哪里。爷爷离家后，因工作需要被调往河南省任豫南特委委员，先后在开封、信阳等地从事党的地下工作。

1929年夏，中共中央为加强地区工作和军事斗争力量，在上海秘密举办军政干部训练班。爷爷作为唯一被河南省委选派的革命干部，参加了由周恩来亲自主持的为期一个月的干部训练班。7月，时值中东路事件爆发，中共中央决定紧急调回东北籍学员，同时增派干部到东北开展工作，爷爷就是其中之一。

7月下旬，爷爷抵达沈阳并顺利与中共满洲省委秘密接洽。此时的中共满洲省委书记是刘少奇同志。根据组织安排，爷爷被派往抚顺任特支书记，领导了抚顺矿工"反裁员、反加班、反打骂"大罢工。经过三天三夜的斗争，罢工取得了胜利。但由于王振祥没能经受住敌人的严刑拷打，叛变并供出了爷爷和抚顺特支的情况。8月30日晚，爷爷在抚顺福合客栈被捕，敌人在他住处搜出了几件物证。日本警察

◆ 红军南满游击队整军整党纪念地

署对他施以坐老虎凳、灌凉水、灌煤油、压杠子、上大挂等酷刑，甚至还将伤痕累累的爷爷投入水牢。爷爷的伤口很快溃烂，高烧不退，又患上了痢疾。然而，即便是酷刑加身，爷爷依然坚贞不屈。最后，无计可施的敌人将爷爷关进了监狱。在监狱里，爷爷团结其他狱友，坚持与敌人作斗争。1931年4月下旬，爷爷刑满出狱。可是只隔了三天，他又因所住旅馆人员告密而再度被捕。同之前几次身陷囹圄的情形一样，虽遭严刑逼供，但爷爷依旧宁死不屈，最终在党组织的营救下重获自由。爷爷刚到东

第一章 从壮志少年到铁血征程

◆ 南满游击队创建地——磐石县大红石砬子山

◆ 东北抗联第一路军袭击日伪通辑（通化—集安）铁路阳岔工程战斗遗址

◆ 日伪报纸关于杨靖宇率部袭击大蒲柴河的报道

◆ 东北抗联第一路军总司令部成立大会遗址

北便多次入狱,受尽酷刑,这些超出常人的磨砺如同炼狱般的考验,锻造了他百折不挠的革命精神和坚定不移的革命品格。

九一八事变后,东北沦陷,民族危亡,中国共产党迅速作出反应,发表了《中国共产党为日本帝国主义强暴占领东三省事件宣言》,并发出指示,要求满洲党组织:"要立刻分配干部

◆ 杨靖宇领导的东北抗日联军第一路军警卫部队之一部

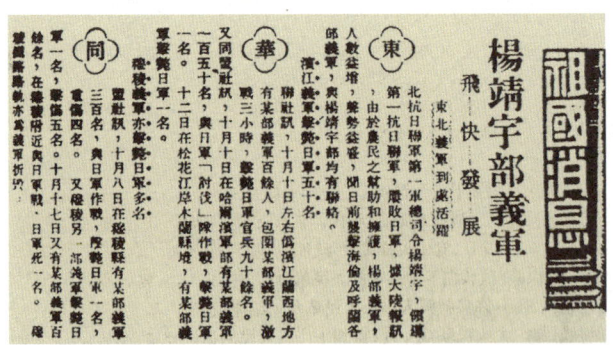

◆ 在巴黎出版的《救国时报》中有关"杨靖宇部义军飞快发展"的报道

到南满各地,中东路、吉长路沿线的农民群众中与动摇不满东北军阀的军队中去发动反日斗争、游击队战争与兵变。"①1932年11月,中共满洲省委派爷爷到南满地区的吉林市及磐石、海龙(今梅河口)一带巡视,整顿党的组织和抗日游击队。为适应敌后工作需要,爷爷化名为"杨靖宇"。爷爷身高一米九二,是当时少有的大个子,而且语言天赋很好,很快就和大家打成一片,所以很多人误以为他是关东大汉。爷爷运用灵活多变的游击战术,率领战士在林海雪原中巧妙穿插,出其不意打击敌人。打仗时,他总是双手持枪,而且枪法极好,令敌人闻风丧胆。他领导创建了党在东北的第一块抗日游击根据地——红石砬子抗日游击根据地。他率领东北人民革命军第一军(后改编为东北抗日联军第一军,1936年7月与东北抗日联军第二军合编为东北抗日联军第一路军)纵横

---

① 中共中央文献研究室、中央档案馆:《建党以来重要文献选编》(一九二一——一九四九)第八册,中央文献出版社,2011年版,第560页。

东南满，接连取得了痛歼伪满军邵本良部、摩天岭大捷、老岭铁路隧道奇袭战、全歼伪军精锐"满洲剿匪之花"索旅等战斗的胜利，沉重地打击了日伪统治，极大地鼓舞了东北人民抗击日寇，争取民族解放，实现国家独立的信心和斗志，有力地配合了全国抗战。

东北抗日联军的奋起抵抗，使其成为日伪统治者眼中的"满洲治安之癌"。1938年，东北抗日联军第一军第一师师长程斌在本溪附近投敌叛变。程斌曾经是爷爷最信任的得力助手，非常熟悉爷爷的战术和密营位置。程斌叛变后，带领伪警察大队将抗联建立在山区的七十余处储存给养的密营破坏殆尽。以前害怕爷爷进行夜袭，不敢在深山老林过夜的日伪军，也在程斌的带领下对抗联部队展开了昼夜"追剿"。

1939年10月，日本关东军宪兵队司令部调集了约七万五千人的兵力，对东南满地区发动"三省联合大讨伐"，其中伪通化省"讨伐"本部兵力约为两万五千人。而那时爷爷率领的部队仅四百余人，敌我力量对比悬殊。加之东北山区冬季

第一章 从壮志少年到铁血征程

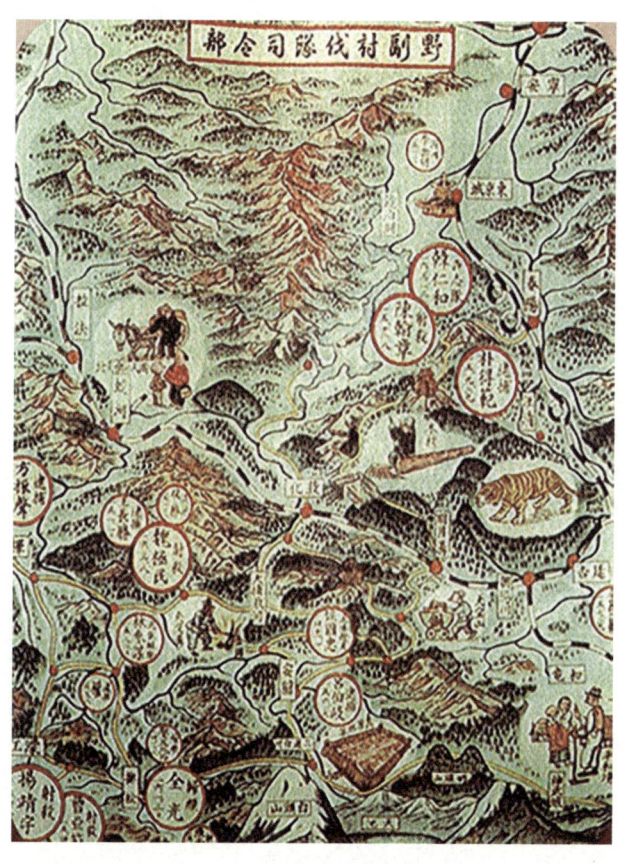

◆ 日军绘制的"讨伐"图

严酷的自然环境,以及东北抗日联军第一路军长期与党中央失去直接联系,孤悬敌后,这一切使他们进入了抗联史上最为艰难的斗争时期。

1940年1月,爷爷率队在与日伪军的交战中暴露行踪,引来了敌人的疯狂"讨伐"。2月18日,爷爷身边仅剩的两名警卫员在下山寻找食物时不幸牺牲。敌人从他们身上搜出了爷爷的印章,由此锁定了爷爷的活动范围。2月22日,爷爷只身一人辗转到濛江县三道崴子,在一处破旧的地㟃子中度过了生命中的最后一个夜晚。当时的爷爷身患重感冒、臂负枪伤、数日粒米未进,他只能扯出大衣里的棉花,就着雪水艰难咽下充饥。第二天上午,爷爷看到几个进山打柴的村民,请求他们帮忙买些吃的,却被其中一个叫赵廷喜的伪牌长出卖了,日伪"讨伐队"将爷爷藏身的那片密林层层包围起来。敌人一开始并没有开枪,而是向爷爷喊话,希望能够劝降他,但是得到的回应只有仇恨的子弹。敌人见劝降无望,于是下令开枪。在密集的枪弹中,爷爷在濛江大地上流尽了最后一滴血,他牺牲时年仅三十五岁。

作为中国共产党在东北地区抗日武装力量的重要创建者和领导者之一,爷爷以其坚定

◆ 中共中央政治局关于准备召集第七次全国代表大会的决议（一九三七年十二月十三日通过）

的革命意志与卓越的军事才能，成为抗战期间唯一获得党中央文件公开表彰的东北抗联领导人。1934年1月，在江西瑞金召开的中华苏维埃第二次全国代表大会上，尽管爷爷未能亲自参会，但仍当选为中华苏维埃共和国中央执行委员。1936年7月，原中共满洲省委常委张文烈（小骆）在莫斯科向中共驻共产国际代表团汇报南满地区工作情形时说:"军长老杨——他的履历,中央知道得很清楚。他的政治水平、工作能力,不仅在南满首屈一指,在全东北也是最强的一个。自他到南满以来,工作有很大成绩,始终毫不懈怠地努力……"①1937年12月,中共中央政治局会议对爷爷的贡献和能力给予了高度评价,他和八路军主要领导朱德、彭德怀,新四军暨南方三年游击战主要领导项英、陈毅等人,被指定为以毛泽东为主席的中共七大准备委员会委员,这是爷爷担任过的最高党内职务。可惜爷爷没能等到"七大"召开。1941年,在延安举行的东方各民族反法西斯大会上,来自多个国家和地区的一百三十余名参会代表选举产生了由三十三人组成的名誉主席团。中共仅有的三名代表,毛泽东、朱德与爷爷共同当选。此时距爷爷牺牲已近两年,但因交通阻隔,中央尚未得到爷爷牺牲的消息。

---

①赵俊清:《杨靖宇传》,黑龙江人民出版社,2015年版,第243页。

第一章 从壮志少年到铁血征程

爷爷的一生是短暂的,却也是辉煌壮烈的!他是农运先锋,1927年领导震惊中外的确山县农民暴动,开创了县级农工政权的先河;他是工运领袖,在抚顺领导工人罢工,推动了党的工人运动发展;他是抗日英雄,在东北抗联最为艰难的时期,发挥了核心领导作用,以钢铁意志铸就了民族脊梁。爷爷用生命谱写了气吞山河的革命史诗,用热血树立了永垂不朽的精神丰碑,用信仰铸就了光照千秋的红色基因。爷爷的一生,是战斗的一生,是辉煌的一生,是值得被铭记的一生!

身为中华儿女,我常以血脉中流淌着杨靖宇将军的精神血液而倍感荣光。作为马尚德的后人,我想知道:在零下四十摄氏度的林海雪原,在超越人类生理极限的绝境中,究竟是何等信念力量支撑着爷爷与战友们创造了中华民族抗战史乃至世界战争史上极为罕见的斗争奇迹?毛泽东同志对爷爷曾有过高度评价:"中国共产党和东三省抗日义勇军确有密切关系。例如有名的义军领袖杨靖宇、赵尚志、李红光等等，他们都是共产党员，他们的坚决抗日艰苦奋斗的战绩，是人所共知的。"①也正是在这句话中，我找到了答案：因为他是共产党员马尚德，所以他成为人民英雄杨靖宇！

有一年清明节，我去给爷爷扫墓，看到一位母亲带着七八岁的孩子给爷爷献花，我顿时心生一股敬意。这么多年过去了，人们依然铭记着我的爷爷杨靖宇，特别是孩子们也铭记他、崇敬他，令我无比动容，这让我看到了国家的未来和希望。正如习近平总书记所说："一个有希望的民族不能没有英雄，一个有前途的国家不能没有先锋。"②我由衷地敬仰、敬重我的爷爷，因为他正是这样的民族英雄，东北抗联就是那个时代光辉的先锋群体！

2019年，我在长春观看《人民英雄杨靖宇》组画时正值春节，再次走近爷爷和他领

---

① 中共中央文献研究室：《毛泽东文集》第2卷，人民出版社，1999年版，第103页。
② 习近平：《习近平在纪念中国人民抗日战争暨世界反法西斯战争胜利70周年系列活动上的讲话》，人民出版社，2015年版，第19页。

第一章 从壮志少年到铁血征程

导的东北抗日联军，阅读这部可歌可泣的英雄史诗，感慨万千。站在画卷前，我是一名普通的观画者，与那些观展的观众一样景仰英雄；站在画卷前，我又是一名特殊的观画者，抑制不住内心的激动，因为这组画的主人公与我血脉相连。我下定决心，一定要把爷爷的故事讲给更多的孩子听，让孩子再讲给他们的孩子听，让这种精神代代相传。看到吉林人民以这样深情的笔触、真挚的情感、崇高的敬意缅怀我的爷爷，我不禁潸然泪下。在这片他曾经纵横驰骋，洒下最后一滴热血的吉林大地上，人们用对英雄最高的礼赞仰望着他、追思着他、爱戴着他。每年的2月23日，我和我的家人都会端起两杯酒，一杯洒在地上，一杯含泪饮下，以此告慰爷爷的在天之灵。

今天讲述爷爷的故事，是为了怀念那些像爷爷一样的东北抗联英雄们，百余年来为民族复兴、人民幸福而牺牲的先烈们。他们用血肉铸就了中华民族的脊梁，换来了今天的繁荣盛世、国泰民安。怀念杨靖宇，传承杨靖宇的奋斗精神,最重要的就是要从他的精神中汲取力量,肩负起我们这一代人应该肩负的使命和担当!

家庭团聚时,我们经常谈起,作为中华民族的一员,作为杨靖宇将军的后代,我们绝不能躺在先辈的功劳簿上,从前没有,今后更不能有。作为英雄的后代,如果国家和民族需要,我们子子孙孙都会像爷爷杨靖宇那样挺身而出,舍生忘死。

在国家召唤的时刻,我毅然参军,参加了对越自卫反击战。在战场上,面对敌人猛烈的炮火,我毫不退缩,勇往直前。作为中国人,作为杨靖宇的后代,民族大义和红色基因不允许我在战场上退后半步,爷爷的精神激励着我不惧生死考验。在战场上,我提醒自己,我的爷爷曾在白山黑水间为抵抗日本鬼子的侵略流尽了最后一滴血,我也能在祖国的大西南和敌人血战到底。每每被腰间的旧伤折磨得无法入睡时,我都会想,跟爷爷当年爬冰卧雪、无衣无粮所经受的苦痛比起来,这点痛算不了什么。我为身上流淌着杨靖宇的热血而骄傲，能为国家和民族战斗，我感到无上光荣。和平年代，我的儿子来到他的曾祖父杨靖宇牺牲的靖宇县保安村，做了一名基层村干部。在2020年新冠疫情肆虐全球的时候，在人民生命受到威胁的时候，在群众最需要的时候，他冲在疫情防控的最前沿。这是红色血脉在新时代的赓续，更是抗联精神在基层一线的鲜活实践，我深感欣慰。

第二章 爷爷的名字

第二章 爷爷的名字

大家都知道我的爷爷是著名的抗日英雄杨靖宇，但杨靖宇只是爷爷的化名，爷爷原本姓马，叫马尚德，字骥生。我的曾祖父马锡龄和曾祖母张君，依照习俗被我们称为太爷爷、太奶奶，他们为自己的儿子取乳名顺清，寓意是希望这个孩子能够一生顺利、备受眷顾。爷爷五岁时，太爷爷马锡龄因积劳成疾病故。虽然爷爷早年丧父，但我的太奶奶张君却是一位坚强且有远见的平凡女性。尽管当时家里的生活十分艰难，她仍东挪西借送爷爷去读书，希望孩子能够成为一个知书达理的人。

1912年，爷爷七岁，进入私塾，开启了他的学习生涯。到了塾馆，先生提笔登记名簿的时候，才知道"顺清"是爷爷的乳名，便对太奶奶说："蒙童进学当取大名，方合礼制。"太奶奶一听，便说："我带来了马家的族谱，请先生给取个名字吧。"先生即按族谱辈分查出了马家五辈谱序范字是"绥、龄、德、云、继",又问了家里先辈的名字,斟酌一番后,提起笔敲定说:"顺清这辈人属德字辈,可取个学名马尚德,表字骥生。""尚德"寓含崇仁慕义之意,"骥生"典出《论语·宪问》"骥不称其力,称其德也"。名与字互为表里,既承家族谱序,又寄寓着"德才兼备,文武兼资"的殷切期望。翰墨氤氲间,爷爷以"尚德"之名开启求学

◆ 确山县立高等小学(资料图片)

之路。

在革命战争年代，革命者为冲破反动当局的白色恐怖统治与严密封锁，不得不频繁更名改姓以隐匿身份。"杨靖宇"就是爷爷在东北从事抗日武装斗争时用的化名。此外，他在从事革命活动期间还用过张贯一、杨占山、杨金

◆ 1933年12月2日，杨靖宇（化名乃超）给省委的报告

志、乃超、元海等化名。

　　1927年7月，大革命失败，国共合作全面破裂，白色恐怖笼罩中华大地。爷爷因在豫南领导农民暴动而被国民党反动当局列为重点抓捕对象。1928年，党组织把爷爷从确山调到信阳，负责重建遭到破坏的中共信阳县委，并任命他为中共信阳县委书记。由于爷爷当时在豫南领导的武装斗争影响极大，国民党反动派一直没有放松对他的缉捕，重金悬赏的布告、通缉令贴遍了豫南的大街小巷。为了方便在信阳开展工作，时任中共河南省委组织部

◆ 杨靖宇在信阳革命工作旧址（资料图片）

部长黎光霁对爷爷说:"外面到处抓'大马'呢,你光换个地方不行,最好把名字也改了,安全点儿。"爷爷略加思索,决定听从组织建议,并说:"感谢组织关怀,那我就改叫张贯一吧。随我母亲姓张,牢记慈母养育之恩,'一以贯之',坚持革命不动摇!"从此,我的爷爷便化名为"张贯一"。

1928年秋,中共满洲省委成立,但屡遭敌人破坏,工作开展受阻。特别是1929年7月,中

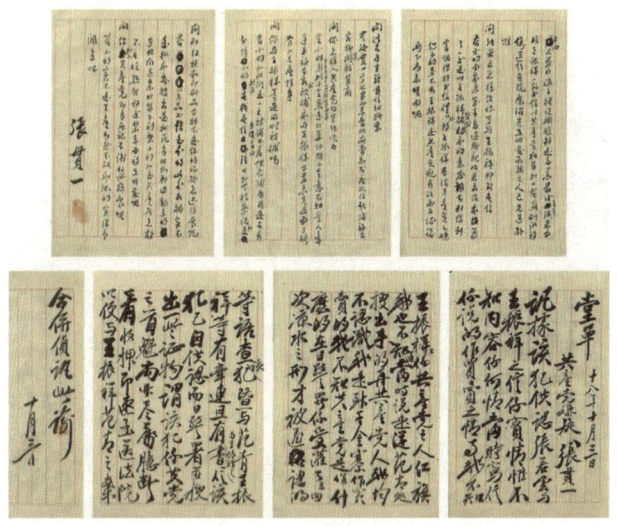

◆ 1929年10月3日,国民党辽宁高等法院检察处审讯杨靖宇(化名张贯一)的笔录,现收藏于辽宁省档案馆

东路事件爆发,东北斗争形势危急,急需一批有经验的干部领导开展反帝反封建工人运动。当时,爷爷刚刚结束在中央军政训练班的学习,既有领导武装斗争的能力,也有白区地下工作的经验,他被党组织派往东北,开辟新的对敌斗争战场。接到通知的爷爷并没有过多思考:"共产党员一生交给党安排,越是艰险越向前,党需要我到东北,东北就是我的战场!"

1929年7月,爷爷自上海启程,辗转青岛、营口等地,北上沈阳。在中共满洲省委机关驻地,时任中共满洲省委书记的刘少奇亲切地接待了爷爷,并给爷爷介绍东北地区的革命形势:抚顺是东北四大产业中心之一,工人集中,觉悟高,革命基础好。由于叛徒告密,抚顺特支负责人被捕,党组织遭到了破坏。听到这里,爷爷完全明白了,他当即表示愿意到抚顺去,重建抚顺特支,恢复党的组织,开展地下工作,领导工人斗争。

初到抚顺,爷爷就赶上煤矿招工,于是

第二章 爷爷的名字

毫不犹豫地报了名，顺利成为抚顺煤矿的工人。当时爷爷报的名字是"张贯一"，籍贯写的是山东曹州府，以此隐匿河南籍身份。爷爷身穿工作服，头戴柳条帽，手持丁字镐，当上了刨煤工。那段时间，爷爷每天都和工友们一起下到潮湿阴暗的矿井中，干着又脏又累的活，吃着发霉变质的窝窝头。在这里，工人常因饥饿、殴打、毒气或塌方而惨死井下。由于惨死的工人尸体不能及时得到处理，矿井里常常散发着腐臭味。爷爷冒着生命危险，与工人们同寝同食，慢慢地获得了工人们的信任和拥护，地下工作也顺利开展起来。中共抚顺特支和共青团抚顺特支都重新建立起来，党团外围组织"救济会""兄弟会"也建立起来，共产党和共青团都拥有了坚实的群众基础。由于爷爷的老家确山县离山东很近，他的"确山腔"与山东曹州口音非常相近，加上矿工们不习惯管自己人叫"大号"，所以爷爷在与矿工们的相处中就被大家亲切地喊为"山东张""张大个子"。

在现存的历史档案中,"张贯一"这个化名仅出现在爷爷因叛徒出卖而两次被捕入狱时的审讯笔录中。1929年,爷爷领导的抚顺矿工"反裁员、反加班、反打骂"大罢工声势浩大,取得了最后的胜利。一时间,党在抚顺的工作局面全面打开。在当时出煤量最大的古城子、北大井等矿井,都有抚顺特支派遣的党

◆ 杨靖宇在抚顺领导工人运动时的老虎台煤矿(资料图片)

第二章 爷爷的名字

团员在工作；东大井、老虎台也建立了党的组织；连发电所工人自发组织的一支球队，也有党团员去指导工作。党的地下工作者深入生产第一线，迅速推动工人运动发展，给敌人以沉重打击。但这次罢工活动引起了敌人的注意，日本军警很快察觉到抚顺地区有共产党在活动，便加紧了对地下党组织的破坏。特务、密探四处活动，全力搜查，叛徒、内奸千方百计追查"张贯一"的下落。

由于叛徒的出卖，抚顺特支遭到严重破坏。1929年8月30日至9月5日，在抚顺先后有十多名共产党员和工会会员被捕，爷爷也在此时不幸被捕。

"你叫什么名字？"

"张贯一。"

"你的原籍是哪里？"

"我是山东省曹州府人。"

"你什么时候加入共产党的？"

"什么是共产党？我不知道，在山东老家听说过，在这儿我没见到……"

由于在河南从事革命工作期间曾三次被捕，有一定的斗争经验，所以在审讯过程中，爷爷始终沉着冷静。

面对敌人的严刑拷打，他始终没有吐露半点党的机密。二十天后，抚顺警察署（日本警察机关）以"搅乱抚顺之治安，宣传共产主义，以期中国方面之大变革"的罪名，将爷爷移交抚顺县警察所（中国地方警察机构）。随后，爷爷又相继被解送至抚顺地方法院、奉天高等审判厅。爷爷以法庭为战场，利用公开场合与敌人进行斗争。他解开自己的上衣，露出身前背后被日本人用烙铁烫、皮鞭打所留下的累累伤痕，揭露日本帝国主义在中国大地上横行无忌，肆意残害中国人民的罪行，怒斥中国法律不保护中国人民却为虎作伥的可鄙行径。1930年2月，爷爷在既无认罪口供，又无确凿证据的情况下，被荒唐地以反革命嫌疑罪判处有期徒刑一年零六个月（刑期从1929年10月下旬被关押在奉天高等审判厅看守所时算起）。

第二章 爷爷的名字

◆ 奉天高等审判厅检察厅呈文,内中写有"张贯一系未经自首之共产犯,不在赦免之列"

1931年1月,张学良在东北颁布了特赦令,但爷爷的名字并未出现在此次特赦名单之列。1931年2月,奉天高等审判厅检察处向东北边防军司令长官公署呈报的特赦政治犯的报告中是这样记录的:"查张贯一、周世昌、张鸣岐、曲容堂、李宝贤等五名,其中张贯一一名,系未经自首之共产犯;由职院处判决执行,依政治犯大赦条例第四条,不在赦免之列。"

从这份史料中可以清楚地看出,我的爷

爷杨靖宇在狱中始终保持着坚定的革命气节。他从未承认自己是共产党员，对敌人也从未屈服。爷爷被捕后，在狱中经历了五百多个日日夜夜的斗争与煎熬，直到1931年4月下旬才刑满出狱。

刚刚跨出监狱大门，爷爷顾不上休息，便匆忙赶往中共满洲省委。时任中共满洲省委组织部部长何成湘仔细地打量着这个衣衫褴褛、须发蓬乱，但眼睛却炯炯有神的青年。

"你是？"何成湘问。

"我是张贯一，刚刚出狱。"爷爷回答道，"请给我分配工作吧，我一天也待不下去了！已经脱离工作太久了。"

在爷爷的强烈要求下，组织安排他到哈尔滨开展地下工作。

可是万万没有想到，两天之后，"互济会"的同志被捕，敌人从他们身上搜出的笔记本上记有爷爷的名字以及他出狱后的住址，爷爷因此暴露并再次被捕。尽管这次被捕令爷爷受尽折磨，但始终没令他丧失革命斗志。"服从组织，严守秘密，努力革命，永不叛党。"入党时的铮铮誓言仍在耳畔，爷爷认定，监狱就是革命者的磨刀石，走出监狱时必定能够成为一名革命的猛将。

狱中，爷爷在党支部秘密举行的一次抗日救国誓师大会上昂首挺胸，目光如炬，率先以拳抵案庄严宣誓："我张贯一，在民族危亡、国难当头之际，立誓以抗日救国为己任，以中国民族气节为生命，宁为民族利益而死，不为个人私利苟活，面对困难不皱眉，遭遇强敌不屈服，为国雪耻，以身许国！"[1]在阴冷的监狱中，这几句誓言令狱中所有共产党人热血沸腾。

1931年底，爷爷在党组织的营救下走出监狱，结束了两年零三个月的铁窗生活。当时的中共满洲省委已由沈阳迁至哈尔滨，得知省委地址后，爷爷一刻也没有耽搁，马上乘火车来到了哈尔滨。

---

[1]中共通化市委党史研究室：《杨靖宇全传》，吉林文史出版社，2005年版，第198页。

在哈尔滨,爷爷请求省委分配工作,表示要立即投入到反抗日本帝国主义的斗争中去。但省委领导考虑到爷爷刚刚出狱,遭受严重摧残的身体还需要休养,便让他休息一段时间,再分配工作任务。

爷爷听后,坚决地回答道:"在监狱里,并没有累着我,只要我活着,我就要斗争。现在国难当头,我怎么能待得住?"[①]

◆ 中共满洲省委机关旧址(资料图片)

[①]赵俊清:《杨靖宇传》,黑龙江人民出版社,2015年版,第60页。

第二章 爷爷的名字

◆ 1933年5月,杨靖宇到哈尔滨参加中共满洲省委专门会议旧址(资料图片)

在中共满洲省委的指派下,爷爷先后担任东北反日总会会长兼道外区委书记、中共哈尔滨市委书记、中共满洲省委军委书记(代理)等职。在哈尔滨工作期间,爷爷仍然使用

"张贯一"这个名字。由于爷爷个子很高,省委机关的同志对他的称呼是"张大个子"。这个称呼一直沿用到中共满洲省委正式同意他担任南满游击队政委为止。

九一八事变爆发后,为了反抗日本帝国主义的侵略,东北人民自发组建义勇军,在白山黑水间与日本侵略者展开殊死斗争。然而到了1932年底,由于东北义勇军缺乏统一的组织和

◆ 磐石红石砬子抗日根据地遗址

第二章 爷爷的名字

明确的政治纲领，斗争形势逐渐陷入低潮。当时，担任中共满洲省委代理军委书记的爷爷密切关注这一情况。他始终将发展、巩固和壮大党领导创建的反日游击队，以及开展武装斗争作为工作中的重要内容。1932年11月，爷爷以

◆ 磐石红石砬子抗日根据地标志碑

中共满洲省委特派员的身份前往南满地区的磐石、海龙等地巡视并指导工作。

磐石是中共满洲省委在南满地区开展反对日本帝国主义侵略斗争，组建抗日武装并领导武装斗争的重点区域。1931年12月，磐石诞生了中国共产党领导下的第一支抗日武装——磐石赤色游击队。1932年6月，游击队改编为磐石工农反日义勇军，总队长张振国、政委杨君武、参谋长李红光。当时武装队员仅有三十余人，装备八支步枪、三支手枪、二十余支洋炮，队员中朝鲜族战士占了一大半。队伍成立初期，因为缺少有武装斗争经验的领导干部，屡经挫折，不断遭到日伪武装乃至地主武装的攻击，加之队伍内部政治工作薄弱，磐石党组织和工农反日义勇军的斗争面临重重危机。中共满洲省委了解情况后，决定派爷爷到南满地区巡视工作，改组磐石、海龙中心县委，扭转两地革命形势，开拓反日斗争的新局面。可以说，爷爷当时是肩负着党组织的希望、信任和

◆ 磐石红石砬子抗日根据地挖掘出土的抗联遗物

重托去南满地区开展巡视工作的。

爷爷来到磐石后,在充分调查研究的基础上,主持召开了党的扩大会议,并按省委指示将队伍改编为"中国工农红军第三十二军南满游击队"。之后,这支党领导的反日队伍开始以崭新的姿态——红军南满游击队的名义,活动在磐石、伊通等地。在巡视期间,爷爷对磐石、海龙等地的社会政治、经济状况，以及党的建设和发展情况有了深入了解，为省委制定南满地区斗争方针提供了重要依据，也为他后期领导游击队广泛开展反日游击战争打下了坚实的基础。

1932年11月，爷爷完成了在磐石地区的工作任务后，便离开磐石，前往吉海铁路沿线和海龙等地继续巡视。经过这段时间的整训，南满游击队各方面工作都有了新的起色。可是，就在爷爷离开不久，这支队伍就接连遭遇两次意想不到的挫折。在与土匪武装的战斗中，总队长孟杰民、副总队长王兆兰、政治委员初向辰相继牺牲，南满游击队再次陷入严重危机。就在这时，刚刚结束巡视工作的爷爷专程回到磐石，并以省委特派员的身份召开会议，研究游击队面临的局势和对策。

根据当时严峻的形势，为了打开磐石反日斗争的新局面，爷爷果断地采取了三项措施：一是召开全体队员会议，悼念牺牲的同志；二

第二章 爷爷的名字

是再次整顿队伍，宣布新的领导干部任命；三是重整旗鼓，主动出击，开展游击活动。

这一系列举措，加强了对干部、战士的思想教育，提高了大家对革命艰巨性的认识，增强了官兵同失败、挫折作斗争的信心，使整个队伍的士气日益高涨。

在此期间，为了稳定军心、巩固群众基础，爷爷留在游击队担任代理政委。为便于开展工作，爷爷考虑到因伤离队的首任磐石工农反日义勇军政委姓杨（即杨君武），人称杨政委，便改姓杨。这样一来，游击队的战士也将爷爷叫作"杨政委"，以此迷惑敌人，使敌人以为杨政委（即杨君武）还在队上，并没有离队。

队伍中，朝鲜族战士很多。有一回，一位朝鲜族小战士急匆匆地进屋喊道："杨政委，吃饭啦！"沉思中的爷爷突然感觉到朝鲜语的"杨政委"发音与汉语的"杨靖宇"发音非常相似，一下子打开了思路。他想，杨靖宇这个名字好呀，"靖宇"含有铲除变乱、平定四方之意。如今东北正处在日寇侵略、百姓涂炭的战乱年代，正是需要共产党人高扬抗日救国、安定宇内旗帜的时刻，况且队伍中朝鲜族战士居多，"杨靖宇"的朝鲜语发音他们喊起来朗朗上口。于是，爷爷拍着小战士的肩膀说："谢谢你，给我送来一个有意义的名字，那我就叫杨靖宇吧！"

从此，"杨靖宇"这一响亮的名字和东北抗日游击战争一起，历经磨难，越挫越勇，在战斗中成长，在战斗中辉煌。

爷爷曾经是"马尚德"，曾经是"张贯一"，曾经是"乃超"……但最终成了生前令敌人闻风丧胆，死后令敌人由衷敬佩的"杨靖宇"。无论是领导抗日武装还是壮烈殉国，爷爷从未退缩。在冰天雪地里，在饥寒交迫中，在四面包围下，在孤身作战时，爷爷用"头颅可断腹可剖，烈忾难消志不磨"的血性与忠诚诠释了"中华民族有同自己的敌人血战到底的气概"。而"杨靖宇"这三个字,不仅仅代表了爷爷光辉战斗的一生,这个气势恢宏的名字已然成了抗战时期抵御外侮的一面旗帜!

第三章 我的姑姑叫『躲儿』

第三章 我的姑姑叫"躲儿"

在冰天雪地的密林中,爷爷孤身奋战,机智勇敢地与敌人周旋。每当日落,那如血的残阳想必总会让爷爷想起远在河南的亲人。或许爷爷会想起奶奶——那个用柔弱的双肩挑起生活重担的坚强女性。或许爷爷会思念他的孩子,想象着孩子的模样,想象着他们长高了,变得懂事了。爷爷多么希望能陪在孩子身边,见证他们的成长,听到孩子甜甜地喊一声"爸爸"。然而爷爷明白,自己肩负着更重要的使命,只能将对亲人的思念深埋心底,化作誓死抗敌的无尽力量。在白山黑水间,爷爷用自己的生命书写着杀敌报国的壮举,创造着心中挂念之人的美好明天。

我的姑姑叫"躲儿",她是爷爷的第二个孩子。1922年,爷爷娶了奶奶郭莲为妻。爷爷教奶奶读书写字,还会给她讲岳飞精忠报国的故事。奶奶是个深明大义的女人,每次听故事都感动得泪流满面。在她心里,爷爷总有一天也会成为像岳飞那样的英雄。可是,幸福的时光总是特别短暂,没过多久,爷爷就回开封求学去了。此后,他受党组织的委派,回到家乡从事农民运动。1927年6月,爷爷加入了中国共产党,随后领导了确山农民暴动,创建了中原地区第一个县级工农革命政权。同年11月,他参与领导刘店秋收起义。

1927年1月,我的父亲马从云出生了。从事地下工作的爷爷悄悄回来,抱着刚出生的儿子亲了又亲,最后依依不舍地离开了家。此时,国民党反动势力开始四处通缉爷爷,并对家人进行打击和迫害。就在刘店秋收起义胜利没多久,驻马店、确山的反动当局和军阀驻军就发布了对爷爷和家人的通缉令,传单在驻马店、确山、汝南等地广泛散发张贴。凡是提供马尚德家人信息或将其抓获归案者,不论是大人还是小孩,一律悬赏大洋五百块。若有窝藏者,也将被视为同罪,受到严厉的惩处。这样一来,奶奶一家人在老家就住不下去了,被迫开始了东躲西藏的漂泊生活。在那段艰难的岁月里,家里曾七次遭遇敌人查抄,房子被烧了四

第三章 我的姑姑叫"躲儿"

次。最初,太奶奶张君逃到确山城北桃园村的娘家暂避,而奶奶郭莲则带着父亲逃到水屯南小郭庄的娘家躲藏,有时也到她兄弟郭小元家借住一段时间。可是,随着风声越来越紧,亲戚家也不能再住了。太奶奶和奶奶颠沛流离,吃尽了苦头,受尽了折磨,但从未退缩,而是全心支持爷爷干革命。

1928年4月,已经怀孕八九个月的奶奶行动十分不便,分娩的日子越来越近了。旧风俗中,产妇在别人家生孩子是不被允许的,回娘家生孩子更是想都别想。尽管太奶奶非常心疼儿媳,无奈有家难回,有亲难奔,只能四处漂泊,乞讨度日。最后没有其他选择,太奶奶只好带着奶奶和父亲回到了家乡古城,在古城东北大郭庄村外找到一个用高粱秆搭成的棚子,勉强住了下来。白天,太奶奶带着父亲外出要饭,将奶奶留在棚子里避风。4月21日,我的姑姑就出生在这个不到两平方米的高粱秆棚里。第二天,太奶奶从附近庄上借来一辆轱辘头牛车,把奶奶拉到小郭庄,安顿在一个靠墙新搭的草棚里。

1928年春,爷爷带着工作队到汝南巡视,抽空回到小郭庄探望太奶奶和家人。太奶奶对他说:"郭莲添了个妮儿,是在农历三月初二生的。你要去前线打白军,快给妮儿取个名字吧。"爷爷看到刚出生的小女儿,心里非常高兴,抱在怀里不肯放手,想了想说:"就叫'躲儿'吧。"奶奶问道:"是花朵的'朵儿'吗?"爷爷笑了笑说:"哪有闲心观花呀,是逃难到姥姥家,'躲藏'的'躲儿'!让她长大后永远铭记这段苦难历史,不更好吗?"这次爷爷只在家住了一个晚上,第二天他就告诉奶奶自己有重要的事情要做,要离家远行,可能好几年不能回来,希望奶奶把家照顾好。这一走,爷爷就再也没回来,生离成为永别。

"马躲"这个名字一直伴随姑姑长大,她参加革命队伍也是用的这个名字。直到1958年2月23日,爷爷殉国18周年,父亲和姑姑从河南来到吉林通化杨靖宇烈士陵园参加爷爷的公祭安葬大会,爷爷生前的老战友在接见遗属时,一一问了后人的名字,当得知姑姑叫"马躲"时,便问是花朵的"朵"吗?姑姑说是躲藏的"躲"。听到这个回答,大家很是疑惑,就问为什么取这样一个名字。姑姑解释说:"父亲考虑到我妈妈带着孩子逃难到姥姥家生下了我,所以给我取了个'躲儿'的名字作为纪念。"爷爷生前的战友说:"现在全国解放了,还躲什么啊!你哥哥叫马从云,你就叫马锦云吧。锦云就是彩色的云霞,也预示着未来幸福的生活。"虽然姑姑有了新名字,但家里一直叫惯了"躲儿",这样的称呼是对那段困苦日子的深情铭记。

当时爷爷看望完小女儿离开老家后不久,李湾村的家就被敌人烧毁了。奶奶回到老家后,只能在被烧毁的屋场上搭起了两间简陋的草棚,勉强落脚。有时候敌人到李湾村扫荡,奶奶害怕连累邻居和亲戚,只好扶着太奶奶,带着儿女逃至荒郊野外,白天乞讨求生,晚上就到村头的草垛、破庙里睡一宿。

就这样,一家人胆战心惊地艰难度日,期盼着爷爷回来后能过上安稳的日子。很多年后的一天,奶奶在家里打开一个包袱对姑姑说:"这里面有一张你爹的照片,还有一件衣

◆ 这张照片就是缝在马锦云衣服里的杨靖宇照片

裳和三本书,我们分开保存,别让坏人抢了去!"然后,她把爷爷在开封上学时的照片小心翼翼地缝进了姑姑的棉袄里。姑姑从小就很懂事,有着与自己年龄不相称的冷静和成熟,

第三章 我的姑姑叫"躲儿"

她把爷爷照片缝进棉袄这件事当成了一个秘密，对谁都没有说过。

太奶奶长期担惊受怕、忧伤过度，再加上想念儿子，时常半夜哭泣，急火攻心导致双目失明。这让本来就艰难的日子雪上加霜。即便如此，国民党反动派和李湾村的伪保长还是不停地找麻烦。幸好，有爷爷的四婶和邻居们的接济和照顾，才让艰辛的日子勉强维持下去。

1935年秋天，奶奶收到爷爷从东北捎回来的一封家信。一家人都特别高兴，正准备读信时，听见伪保长带着人吵吵嚷嚷地前来搜查。奶奶一看情况不妙，急忙把信扔进灶膛里烧掉了。伪保长一进门就喊着把信交出来，奶奶坚定地说没见到信。伪保长立刻让狗腿子把刀架在奶奶的脖子上，逼她交出信件。刀在奶奶脖子上划出了血痕，奶奶还是一口咬定就是没见到信。敌人不由分说把屋里翻了个底朝天，结果什么也没搜到。无处发泄的伪保长和狗腿子便把双目失明的太奶奶从屋里拉到院子里暴打了一顿。太奶奶被打得浑身是伤，倒在地上爬不起来。自此，太奶奶一病不起，由于没钱医治，病情一天天恶化，最终于1936年8月含恨离开了人世。

太奶奶去世后，父亲已满九岁，姑姑也有八岁，正值上学读书的年纪。作为母亲，奶奶何尝不想让自己的儿女入学读书？然而家里吃了上顿没下顿，生活难以为继，实在没有钱送他们去上学，只能让他们帮忙打柴、挖野菜。有一天，父亲带着姑姑在村北小河边拾柴，与别人家的小孩发生争执，那小孩趾高气扬地喊道："回去喊俺爹来打你们。"兄妹俩哭着回家要找爹，也想让爹为自己出口气。"人家都有爹，俺爹在哪里？他为啥不管咱？"父亲和姑姑的一句话，问得奶奶哑口无言，不觉流下了辛酸的泪水。每当遇到敌人迫害，或者感到无助的时候，奶奶总会让姑姑把棉袄里子拆开，拿出爷爷的照片，眼含热泪地看了又看，最后再缝回棉袄里，并叮嘱父亲和姑姑一定要把照片保存好，等革命成功了，红军归来时，拿着这张照片去找爷爷相认。这是全家人唯一的精神寄托。

国民党反动派并没有因为太奶奶去世和爷

爷离家而放过奶奶,更没有因为抗日战争爆发后,全国人民团结一心投入抗日救亡运动而停止对爷爷家人的迫害。

1943年7月的一天,李湾村的伪保长再次闯入奶奶家中。一进院子,他不容分说就把奶奶家的两只小鸡给杀了。奶奶气不过,就和伪保长理论,伪保长凶狠地威胁道:"打死小鸡还算事儿?我还打你哩!"说着就把奶奶推倒在地,并用木棍狠狠地打在奶奶的头上,鲜血瞬间涌出。他们把奶奶扔进粪池,扬长而去。最后在邻居的帮助下,父亲和姑姑才将重伤的奶奶从粪池中捞出,给奶奶换了一身干净的衣服。当天夜里,爷爷的四婶赶来,把奶奶和父亲、姑姑接到她家。因为请不起医生,只能简单地给奶奶清洗伤口,再用土办法烧些纸灰敷在伤口上。没多久,奶奶的伤口开始化脓生蛆,腿上也长了疗疮。在病痛的折磨下,奶奶硬挺着挨过了一段时日。1945年9月的一个晚上,奶奶把父亲和姑姑叫到跟前说:"娘怕是挺不了多久了!"她用颤抖的手捧着爷爷留下的唯一一张照片看了许久,又将照片递给父亲和姑姑,说:"你俩要把照片保存好,等革命成功了,部队回来时,拿着照片认你爹去!"不久后奶奶病危,临终前留下了一句话:"见了你爹,就说娘对不住他,没等到他回来呀!"

奶奶去世时,父亲只有十八岁,姑姑也只有十七岁。那一年,姑姑加入了新四军后勤小分队,在大别山一带开展游击活动。然而九个多月后,姑姑的部队遭到敌人袭击,她与大部队失去了联系,只好先回家等待部队的消息。1947年冬天,解放军挺进大别山,中原地区的农村陆续获得解放。刚解放时,百姓的生活还是很艰难,连隔夜粮都没有。一天,村长王老汉通知父亲说:"从云哪,你明天到乡公所去领取四百斤麦子,这是确山县政府指定拨给军属的!"在政府的帮助下,家里的日子才能勉强维持下来。1948年,淮海战役爆发,中原大地部队云集,确山县城经常有解放军的大部队经过。这些部队大多是从东北过来的,父亲和姑姑听闻后,就到路边向过往部队打听是否有人认识马尚德,可是得到的回答只有摇头。1949年,父亲被政府保送到江岸(汉口)

第三章 我的姑姑叫"躲儿"

工农速成中学就读。姑姑早早嫁了人,这个时候依旧没有爷爷的消息。

我们家人一直在寻找马尚德,而组织上也一直在寻找杨靖宇的家人。然而,战争期间许多档案资料的损毁和遗失,给查找工作带来了极大的困难。

1948年,东北烈士纪念馆建成时,没有人知道爷爷的出生地在哪里,当时只有一张发黄的"履历表",上面模糊地写着:"马尚德,到东北后曾用名杨靖宇……"后来,经过徐子荣(爷爷在河南时的战友)和杨一辰(1929年刘少奇领导中共满洲省委时,任省委组织部干事,1932年担任以爷爷为书记的哈尔滨市委组织部部长)回忆,确认爷爷的老家就在河南确山县农村。以此为线索,党组织找到了我父亲和姑姑。

当时杨一辰是河南省委组织部部长,他代表党组织来到确山县李湾村寻找爷爷的家人。来访的人越来越多。起初,父亲对此感到困惑不解,毕竟他这辈子都没有结识过什么大人物,怎么会有这么多人来访?不久,杨一辰来到了家里，先是端详着父亲的相貌，然后询问他的父亲是不是叫马尚德。父亲点了点头。得到肯定的回答后，杨一辰随即表示，他们苦寻的马尚德，正是那位著名的抗日英雄杨靖宇。至此，距爷爷离家已过去了二十二年。得知爷爷的真实身份，父亲激动不已，立刻安排好家中的一切，动身去找姑姑，迫不及待地要把爷爷的事情告诉姑姑。

父亲见到姑姑就急切地问："躲儿，爹的照片呢？"姑姑小心翼翼地取出照片，问道："去认爹吗？"一句话问得父亲哭了起来。他说："不瞒你说，爹早在1940年2月跟日本鬼子打仗时，光荣牺牲在长白山里了，咱再也见不到爹了！"姑姑愣了一下，说："那娘临终托付给爹的话咋办呢？去跟谁说呀？"父亲抱紧姑姑失声痛哭，两人哭成了泪人。此时，距离爷爷牺牲已经过去了整整十年，距离爷爷离家已经整整二十二年了。后来，父亲安慰姑姑："光悲痛咋行啊，抗联的子女要像爹那样刚强，不然爹在九泉之下也不会安息的！"后来，父亲和姑姑决定将爷爷当时仅存的一张照片交给杨一辰，由他转交给党组织。

过去的岁月里，姑姑曾多次埋怨过自己的父亲，埋怨他未能陪伴自己，也羡慕过那些在父母陪伴下成长的孩子。然而，当得知自己的父亲是抗日英雄杨靖宇时，姑姑的怨言化为深深的怀念与自豪。

党和政府得知爷爷的后人尚在之后，给予我们极大的关怀与温暖。1951年，中央调查组将父亲送往信阳铁路学校学习。父亲格外珍惜这一机会，毕业后进入郑州铁路局工作。姑姑虽已成家，也同样享受烈属待遇。不久，组织也将她送到学校学习。姑姑明确了自己新的人生目标——成为一名人民教师，用知识为祖国培养人才，帮助更多农民子女获得读书识字的机会。党组织非常支持父亲和姑姑的决定，并提供了最大的帮助。姑姑毕业后如愿在郑州铁路局托儿所任教。在党的关怀下，父亲和姑姑终于有了稳定的工作，生活步入正轨。

1953年冬天，父亲和姑姑前往东北烈士纪念馆参加开馆仪式。时隔二十五年，他们终于"见到"了"朝思暮想"的父亲。梦里无数次都想见到的那个亲人,这一刻却是一颗被封存在玻璃瓶中的冰冷头颅。巍巍群山、皑皑白雪、萧萧北风,在这一刻,在父亲和姑姑的眼中,仿佛都幻化成父亲马尚德的模样,近在咫尺,却再也无法触及。父亲和姑姑跪在爷爷的遗首前失声痛哭,他们的父亲、我的爷爷,永远定格在了那场惨烈的战斗中。在哈尔滨,许多东北抗联老战士来看望他们,其中既有爷爷的战友、同事,也有爷爷的部下。烈士的遗孤被他们视为自己的子女,有人甚至要给父亲和姑姑安排工作。在离开哈尔滨前,父亲和姑姑再一次来到纪念馆拜别爷爷,他们跪在地上重重地磕了三个头,郑重地许诺:"放心吧,爹,我们都活得很好,也不会给您丢脸的!"回到河南以后,父亲和姑姑更加严格地要求自己,从不要求特殊待遇。

1980年2月23日,靖宇县隆重举行纪念杨靖宇将军壮烈殉国40周年万人纪念大会,姑姑和我在爷爷的纪念碑前敬献花圈。姑姑静静地站在碑前,口中念道:"爹,躲儿来看您了!"姑姑的泪水像断了线的珠子一样,止不住

◆ 1958年2月，马从云（二排左四）、方秀云（二排左三）、马锦云（二排左二）等后人应邀到吉林通化参加杨靖宇将军公祭安葬大会时的合影

地洒落在爷爷曾浴血奋战、长眠于此的这片雪地上。

1966年，中共确山县委、县政府启动爷爷旧居修复工作，将其辟为纪念场所，1981年扩建后设立杨靖宇将军故居纪念馆，邀请姑姑担任名誉馆长，义务为全国各地参观者讲述爷爷的英雄事迹。离别多年后，姑姑又回到李湾村，亲自到太奶奶和奶奶的坟前祭奠。为了让

◆1980年2月23日，马锦云（左）、马继志（右）为杨靖宇将军敬献花圈

第三章 我的姑姑叫"躲儿"

子孙后代铭记那段悲惨的历史，以及国民党反动派对革命者的残酷迫害，姑姑决定不再修葺并迁移太奶奶和奶奶的坟墓。姑姑坚定地说："我回到家了，我要将父亲的英雄事迹传播出去！让后人不要忘记那段悲壮的历史。"

杨靖宇将军故居纪念馆于1978年全面修

◆ 修复后的杨靖宇将军故居

我的爷爷杨靖宇

◆ 马继志在杨靖宇将军故居内留影

复,1981年开始对外开放。故居由四间正房构成,左右各设三间配房,共有陈列室十二间。1983年,驻马店地区动员全区中小学生捐款一万六千余元,在故居门前竖立了一座爷爷的半身雕像。

在故居院内,有一棵爷爷当年亲手种下的槐树。人们都说这棵树非常有灵性,因为它在经历了一场长达十年的劫难后,又奇迹般地焕发了生机。20世纪60年代,人们来故居悼念,听说爷爷在离乡投身革命时曾亲手种下这棵槐树,便纷纷找来刀片刮下树皮带走作为纪念。这棵失去树皮的槐树逐渐枯死。

第三章 我的姑姑叫"躲儿"

◆ 杨靖宇将军故居的雕像

故居的工作人员便在槐树周围种上葡萄,并经常浇水。在春夏秋三季,人们看到绿色的葡萄藤缠绕着枯死的槐树时,心中多少会有一点宽慰。大家都说,这是对爷爷的深切怀念。奇迹出现在1975—1976年,这棵槐树在死去十年后,又在根部发出了新芽,在已经干枯的老枝一侧,紧贴树干又长出了新枝。一时间,人们奔走相告,前来观看的人络绎不绝。前些年,我回老家时,在靠近老屋的一侧,可以清楚地看到这棵槐树主干笔挺,已经高过了老屋。枯死的树干与新枝紧紧地抱在一起,我想,这棵树象征着爷爷的生命和精神。倒下的是马尚德的肉体,不倒的是杨靖宇的精神!这棵大树再次抽出的新绿,为后人撑起了一片绿荫。

年少时的姑姑不理解爷爷为什么给她取"躲儿"这样的名字,长大后她明白了,这是为了让她铭记那段被敌人迫害的历史。1986年

◆ 故居中杨靖宇将军亲手种的大槐树(国槐)

◆ 1982年，杨靖宇将军的女儿马锦云（左）

10月，姑姑因病去世，享年五十八岁，育有两子五女。

在漫长的人生中，爷爷的身影始终伴随着姑姑。想起自己的父亲，她会难过，但更多的是发自内心的骄傲与自豪。姑姑知道爷爷一生都在冲锋——为理想、为人民，在革命的道路上奋勇前行。他披荆斩棘，倒在通往光明的征途中，用生命为后人创造幸福，他永远是家族的荣光。

第四章 爷爷的军事指挥才能

第四章 爷爷的军事指挥才能

作为东北抗日联军的主要创造者和领导者之一，爷爷在艰苦卓绝的抗日斗争中展现了卓越的军事指挥才能。"人民军队的杰出将领"，这是1957年杨靖宇同志公祭安葬委员会撰写的《杨靖宇将军生平事迹》中对爷爷的评价。

1933年10月，时任中共满洲省委巡视员的韩光到南满巡视。韩光与爷爷一起工作和生活了半年，并担任东北人民革命军第一军独立师代理政委。据韩光回忆，当时爷爷还不满三十岁，但在政治上表现得极为成熟与忠诚。近半年的相处，让他深切感受到同爷爷共事心里总有底，特别是在军事方面。韩光曾多次参与爷爷指挥的战斗，无论是在战斗部署、战术运用还是在临阵指挥方面，爷爷都展现出非凡的军事才能。

爷爷从小最喜欢听"岳母刺字"的故事，对民族英雄岳飞充满敬仰。爷爷就读的河南省立第一工业学校后面的花园里,有一座宋代点将台,传说岳飞曾在此调兵遣将,抗击金军入侵中原。爷爷的同学姚建宇在《回忆杨靖宇将

◆ 河南省立第一工业学校后院中传说的宋代点将台

军的青年学生时代》中回忆道:"杨将军和我在校时,曾多次乘月明之夜,登上点将台,瞭望谈天,仰慕民族英雄岳飞的丰功伟绩和抗敌气节。杨将军曾激动而慷慨地坚决表示要效法和学习民族英雄的行动与精神,做个保卫中华民族和祖国的民族新英雄。"①

1927年4月4日,二十二岁的爷爷参与领导了震惊河南的确山农民暴动,带领五万余农民包围确山县城,激战四昼夜后攻克县城,成立确山县临时治安委员会,这是中国第一个代表农工利益的县级革命政权。当时,确山县的一个英国传教士将此事传到英国,《泰晤士报》报道称"中国河南出现了类似苏维埃的政权"。

同年6月,为庆祝北伐军攻克郑州、开封,确山县临时治安委员会召开欢庆第二次北伐胜利大会。会上,爷爷提笔写下了一副对联:"庆今日克复郑汴澄清黄河水,祝他年直捣幽

---

①姚建宇:《回忆杨靖宇将军的青年学生时代》(1957年7月23日),此文存于东北烈士纪念馆。

◆ 确山县临时治安委员会纪念馆悬挂着杨靖宇创作的"庆今日 祝他年"对联

燕扫尽长城灰。"

1927年4月12日，蒋介石发动"四一二"反革命政变。同年11月1日，爷爷率领农民自卫军和敢死队六十余人发动刘店秋收起义，攻下刘店镇，击溃反动民团，打响了河南地区武装反抗国民党反动派的第一枪。起义胜利后，召开了确山县农民代表大会，成立了由包括爷爷在

第四章 爷爷的军事指挥才能

◆ 确山县农民暴动指挥部（资料图片）

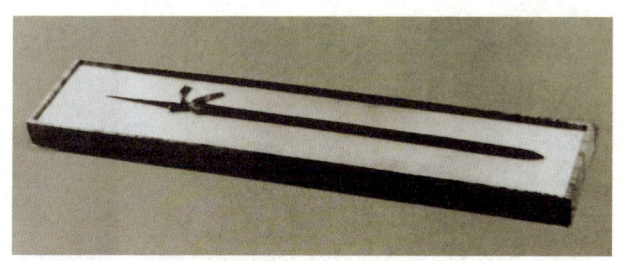

◆ 杨靖宇领导确山农民暴动时使用的"七星剑"

◆ 确山县临时治安委员会（资料图片）

◆ 刘店武装暴动（又称秋收起义）指挥部旧址

第四章 爷爷的军事指挥才能

内的十一人组成的确山县革命委员会，这是确山县临时治安委员会的延续与发展。同时，组建了农民革命军，爷爷任总指挥。这些武装斗争揭开了河南土地革命的序幕。从那时起，爷爷的军事指挥才能便崭露头角。

1929年，爷爷毅然奔赴东北从事革命工作，在抚顺、哈尔滨等城市及南满磐石、辉南、柳河、通化、濛江等地区开展活动。1933年5月，爷爷回哈尔滨向省委汇报工作时，暂住在省委宣传部干部姜椿芳家中。一次，姜母用捡来的半本《孙子兵法》引火，爷爷见状立即从灶坑里把书掏了出来，说这本书可是兵家经典，烧了可惜。当时爷爷高兴得不得了，连饭都顾不上吃，仔细地将破损的书页修补好。爷爷说部队缺少懂军事、会打仗的人才，有了这本书等于请到了一个高参。爷爷不仅爱读兵书，也很爱读报，身边总是带着从敌人那里缴获的报纸，行军时带着，宿营时坐下就读。

1938年，毛泽东的《论持久战》发表，辗转传入东北，爷爷如获至宝，反复研读。《论持久战》成为爷爷指导抗战的重要思想武器，他结合东北抗日斗争的实际，将"持久战""游击战"等战略思想融入作战指挥，带领抗日军民在极端艰难的环境中开展斗争，为东北抗战作出了巨大贡献。

由于当时条件所限，抗联战士普遍缺乏系统的军事教育和作战训练，作战时多凭借勇气与敌人硬拼，急需学习战略战术。一次，游击队在山上据守，敌人在山下围困，有个战士率先开枪射击，虽然敌人不敢贸然上山，但游击队自己暴露了目标，无法有效打击敌人，导致双方僵持不下。这名战士沉不住气，执意要往山下冲，被爷爷劝阻后又趁人不备，端着枪冲了下去，不幸被敌人的子弹击中牺牲。爷爷痛心疾首地说："战斗中最忌讳暴露目标，必须隐蔽自己，保存实力，才能有效消灭敌人。这就需要讲究战略战术，不能盲目硬拼！"

1938年7月至8月，爷爷带领部队在集安、桓仁一带活动，袭击敌人，屡获胜利，以致敌人一听是爷爷的部队便心惊胆战。据敌伪资料记载，他们称爷爷的部队行踪诡秘,忽然这里窜出一股,那里冒出一帮,跟踪追击时却无影无踪,神出鬼没,犹如"神兵"。此后,敌人给爷爷起了个外号叫"杨鬼子",意思是其战术鬼得出奇。从此以后,"杨鬼子"这三个字越发令敌人感到惧怕和头疼。敌人越怕,有关"杨鬼子"的故事就越多,传播也越广,许多敌军出兵前竟然祈祷老天保佑"千万别让我们碰上'杨鬼子'的部队"。他们甚至刚出发便找借口宿营,拖延时间,不等到预定日期便提前折返交差。而抗联部队则互相呼应,游击战此起彼伏,在集安地区开

◆ 杨靖宇指挥作战时使用过的地图

展了卓有成效的抗日斗争，令敌人恐慌不已。

　　从1931年九一八事变到1939年，抗日战争已经进入第九个年头，东北抗联也进入最为艰苦的反"讨伐"阶段。此时，日本关东军在东北的兵力达四十余万，伪军约二十万，而东北抗联鼎盛时期的兵力仅三万余人。1939年，日本侵略者将"讨伐"的重点转移到东南满地区，也就是爷爷领导的东北抗联第一路军活动区域，甚至制定了一个作战原则：同时遇到

◆ 桦甸市蒿子湖东北抗联营地司令部遗址

第四章 爷爷的军事指挥才能

◆ 东北抗日联军第一路军在桦甸密营中使用的铁马勺

抗联和山林队,专打抗联;同时遇到杨靖宇部队和其他抗联部队时,专打杨靖宇所部。虽然面对敌我军事力量悬殊、环境恶劣、给养断绝等巨大考验,爷爷依然在长白山密林中修筑密营、创建游击根据地,运用游击战术屡创以少胜多的战绩。《救国时报》1936年6月30日第39期刊载题为《民族英雄杨靖宇》的文章,称"杨司令是东三省第一个执行游击战术的人""杨司令不但现在是东北反日反帝战争的坚决领导者,我们敢相信,不久以后,他会变成伏洛西洛夫一样的世界伟大人物之一"。

◆ 《救国时报》评价杨靖宇为"东北三省第一个执行游击战术的人"

爷爷是东北山地游击战术的重要开创者和卓越实践者,建立了磐石红石砬子、集安老岭、桓仁老秃顶子等多处抗日游击根据地。爷爷善于选择地势险要、易守难攻、有水源、便于生活和活动的地方广建密营,储存粮食,作为抗联部队生活和议事的场所,这些抗联密营是东北抗日联军在游击战争中创造的。同时,他创造性地运用和发展了"三大绝招""四快""四不打"等一系列游击战术,充分彰显了其非凡的斗争智慧和高超的军事指挥才能。

三大绝招：半路伏击、远途奔袭、化装袭击。

半路伏击是指摸清敌人动向后，在敌人必经之地选择有利地形，利用丛林、堑壕、矮墙等作为掩护，设伏突袭。1936年4月5日，爷爷通过内线得到情报，日伪奉天教导队骑兵团将经过集安二道崴子沟口。爷爷立刻部署部队在半路埋伏。待三名尖兵走出伏击圈，后续大部队七十余人连同马匹、车辆进入伏击范围后，爷爷一声令下，机枪、步枪齐射，打得敌人措手不及，阵脚大乱。此役当场毙伤日伪军十余人，俘虏五十人，缴获大量枪支弹药和车辆等军需物资。

远途奔袭是指针对距离抗日游击根据地较远、警戒较为松懈的敌人，精心选择攻击目标，率部长途行军，出其不意地发起攻击，达成作战目的后迅速撤离战场的作战方式。

1935年3月22日，爷爷率骑兵教导一团智取临江县红土崖镇。一枪未发俘敌四十余人，缴获全部枪支、迫击炮两门、炮弹七十余枚。

化装袭击则是通过佯装成特定角色接近敌人，实施奇袭并缴获敌人的武装。爷爷的部队常采用多种化装策略，例如安排懂日语的朝鲜族战士化装成日军指挥官，配备翻译人员，打着日伪军的旗帜，带领身着伪军服装的部队，对汉奸、反动地主武装据点发起攻击。有时也会伪装成伪警察、商人等，伺机渗透敌人的防线，给予敌人致命一击。

四快：快集中、快分散、快打、快走。

在战斗中注意速战速决，绝不恋战，不打硬攻坚战，以免遭到更大的损失。

四不打：地形不利不打；不击中敌人要害，不能缴获战利品的不打；要我们付出很大代价的不打；对当地人民损害大的不打。

地形不利的仗不打，是指战斗前亲自查看

第四章 爷爷的军事指挥才能

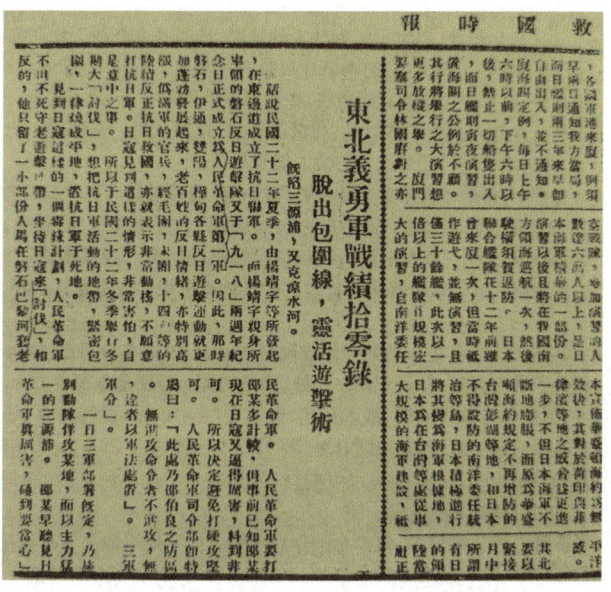

◆ 《救国时报》关于杨靖宇所部运用游击战术打击敌人的报道

作战的地形、地貌,仔细观察其远近、险易、广狭,以及是否存在回旋余地和退路,确保部队能占据有利地势,做到进可攻退可守,保持自己的主动地位后,再与敌人开战。

不击中敌人要害,不能缴获战利品的仗不打,是指通过战斗缴获战利品至关重要。由于敌人的严密封锁,物资极其匮乏,大部分需要通过缴获战利品来补充。因此，选择能缴获战利品的战斗至关重要。

要我们付出很大代价的仗不打，是指每次战斗都要精心组织部署，不仓促上阵，一旦与敌人展开战斗，就千方百计地消灭敌人的有生力量。

对当地人民损害大的仗不打，是指在战场的选择以及运用何种形式展开战斗方面，首先要考虑群众利益，确保群众不受伤害，在群众不至于遭到敌人报复的情况下才会进行战斗。

以上这些战术仅是爷爷战略布局中的一部分，除此之外，还包括"内外夹击、诱敌深入、围点打援、声东击西、将计就计、绝处逢生"等策略，成为抗联部队的经典战略战术。就这样，爷爷运用灵活的游击战术带领战士们取得了一系列战斗的胜利，例如痛击邵本良系列战、破袭通辑铁路系列战、歼灭"满洲剿匪之花"系列战等。

痛歼邵本良系列战发生在1933年至1937年间，爷爷对邵本良部队进行了七次重点打击。

第四章 爷爷的军事指挥才能

◆ 东北抗联第一路军袭击日伪通辑铁路阳岔工程战斗遗址（资料图片）

邵本良是一个有二十年匪龄的铁杆汉奸，非常擅长山林作战，被日本人冠以"东北第一大厉害"之名。即便如此，爷爷还是利用抗联密营指挥战士们在山林间与敌军周旋。1936年秋，爷爷率队在金川回头沟伏击邵本良。这次爷爷使用的是"里应外合"和"半路伏击"的综合战术，将屡屡反扑的邵本良"讨伐队"彻底消灭。

破袭通辑铁路系列战发生在1938年3月至1939年1月，爷爷指挥的第一路军对日军修建的通辑铁路进行了多次破坏。在奇袭老岭隧道战斗中，爷爷运用"三大绝招"里的"化装袭击"战术，先派出便衣手枪队伪装成建筑工人潜入工地侦察。在掌握情况后，于1938年3月13日晚，他指挥五百余名战士，采取里应外合的方式，猛攻老岭隧道施工现场。爷爷的部队大获全胜，击毙、俘虏日军守备队及伪满铁路警备队员十二人，烧毁工程事务所等建筑物十二栋、汽车三辆及大批建筑材料，破坏了施工现场所有机器设备和电气设施，缴获面粉八百袋、大米十二包，解救劳工一千七百余人，致使日伪当局损失二十万日元。此次行动令日伪当局恐慌不已，称老岭隧道工程战斗是"东边道肃正史上最巨大的一章"。

歼灭"满洲剿匪之花"系列战斗发生在1936年至1938年间。这支被称为"满洲剿匪之花"的伪军部队，因为其旅长叫索景清，所以

第四章　爷爷的军事指挥才能

◆ 长岗战斗纪念碑

也被称为伪军索旅。1938年8月2日，在第二次老岭会议后，东北抗联第一路军在转移途中与伪军索旅骑兵四十二团和步兵三十二团一部三百余人相遇，随即爆发了著名的长岗战斗。爷爷运用"四不打原则"中"地形不利不打"战术，杀敌人一个回马枪，成功歼灭了这支送上门来的敌人。爷爷将部队埋伏在长岗公路埋财沟，并派了一个连控制东边山头的制高点，布下火力网。等敌人进入埋伏圈后，爷爷一声令下："打！"机枪、步枪一齐向敌人扫射，打得敌人措手不及，乱作一团。一时间，喊杀声和口号声响彻云霄。经过四个小时的激战，敌军死伤惨重，残部纷纷缴械投降。此次长岗战斗，击毙日军指挥官西田重隆和高岗武治两人，毙伤伪军六十余名，俘敌三十多名。可以说索景清是哭着撤离辑安（今集安）的。至此，日军欣赏的这支所谓的"满洲剿匪之花"彻底销声匿迹在老岭山脚下。

除了主动出击之外，爷爷在遭遇敌人合围时的突围策略也表现出非凡的智慧。他能根据不同战斗形势灵活调整和部署兵力。通过巧妙地将部队在"化整为零"和"化零为整"之间转换，有效地进行突围和袭击，使敌人像无头苍蝇一样无所适从。

更值得一提的是1939年11月22日，爷爷率领队伍在濛江小西头遭遇日伪"讨伐"队合围，以百余兵力抗击千余敌军，战斗持续了四个小时。此役在日伪档案《思想对策月报》中被记载为"袭击满军"，也就是说抗联部队是主动出击的，而且在战斗中令日伪军伤亡三十五人，以至于敌人在战报中也不得不感慨："目前治安方面不能掉以轻心。"

冬天，为了隐蔽行踪，爷爷还会带领抗联战士利用雪地上的脚印去迷惑敌人。具体做法是所有抗联战士踏着同一个脚印前进，使敌人难以判断抗联的具体人数和动向。

在程斌叛变之前，日伪军从不敢在山里过夜。通化地区山势复杂，加上爷爷的山地游击战术十分厉害，令日伪军在"讨伐"时屡遭失败，反被抗联部队袭击。每当日伪军稍作休息时，爷爷便带领抗联部队隐匿在茫茫的林海雪原中。

1939年10月，日伪档案《思想对策月报》评价爷爷的游击战术："神出鬼没，攻势猛烈，实力不容小觑。"同年12月的《思想对策月报》进一步记述:"这些抗联部队巧妙地进行分散或聚合,机智地避开日满军警讨伐队,同时也进行顽强抵抗,实力不可小觑。"凭借灵活的游击战术和斗争智慧,爷爷带领部队多次突破封锁,化险为夷,不仅保存了部队实力,还对敌人进行了最大限度的打击。

爷爷在统战工作方面展现出了出色的工作能力和个人魅力。他提出了"中国人不打中国人"的口号,团结了众多义勇军和山林队,使东北抗联第一路军发展成为东南满地区最具影响力的抗日武装。此外,爷爷巧妙借助长白山区的民俗传统,例如,通过磕头、拜把子等方式推进统战工作。1935年,他还创作了呼吁中朝人民团结一致抗日的歌曲《中韩民族联合起来》。

> 中韩民族劳苦民众亲密的联合,
> 一齐向着日本帝国主义者开火,
> 只有我们消灭这一共同的敌人,
> 那时我们才能取得自由的生活。

亲密地巩固地联合起来，中韩民族！
冲锋呀！杀进哪！向着那日帝国！

亲日奸细卖国贼不分中韩国，
都是日本帝国主义傀儡和同伙。
民族不分中韩，全是日本死对头，
千万莫听他们的欺骗和挑拨。
亲密地巩固地联合起来，中韩民族！
冲锋呀！杀进哪！向着那日帝国。

驱逐日本帝国主义打倒"满洲国"，
共同建立抗日救国选举的政府。
分别实行民族自决中韩共幸福，
还要援助韩国革命成功早取得。
亲密地巩固地联合起来，中韩民族！
冲锋呀！杀进哪！向着那日帝国！①

---

① 董十里：《杨靖宇》，中国青年出版社，1994年版，第61—62页。

> ### 东北人民革命军第一军第一独立师成立宣言
>
> （一九三三年九月十八日）
>
> 全东北三千万民众们！
> 　　今天是磐石人民革命军第一独立师成立的一天，是最有意义的一天。宣言曰：自国民党张学良、马占山、丁、苏等把满洲送给日本强盗后，一年来咱们民众受尽一切残暴虐待，土地、财产、牲畜被夺去，妇女被强奸，房屋田园被焚烧，家破人亡，失业挨饿，天天成群的被日本强盗飞机、大炮轰炸、屠杀、枪毙、监禁，强迫群众造营房，筑铁路，如不愿意，轻则严刑拷打，重则活埋枪毙，纵饶幸未被打死捉去，但是没有工作，失〔去〕了土地、牲畜、财产。捐税之重，无以复加，这一切说不尽的痛苦，都是日本强盗统治东北的结果，都是国民党出卖东北的结果。

◆《东北人民革命军第一军第一独立师成立宣言》

　　《中韩民族联合起来》这首歌曲对中朝民族群众积极投身抗日斗争具有极大的影响。为了扩大抗日民族统一战线，爷爷积极团结更多的抗日武装力量，形成了枪口一致对外的大好形势。

　　1934年2月21日—26日，在临江县三岔子召开的城墙砬子会议上，"东北抗日联合军总指挥部"正式成立，统辖东北人民革命军第一军独立师及南满地区十六支抗日武装，合计十七支抗日队伍。我的爷爷在会议上被推选为总指挥。这次会议第一次提出"东北抗日联合军"这一名称，是南满地区抗日民族统一战线初步形成的标志。

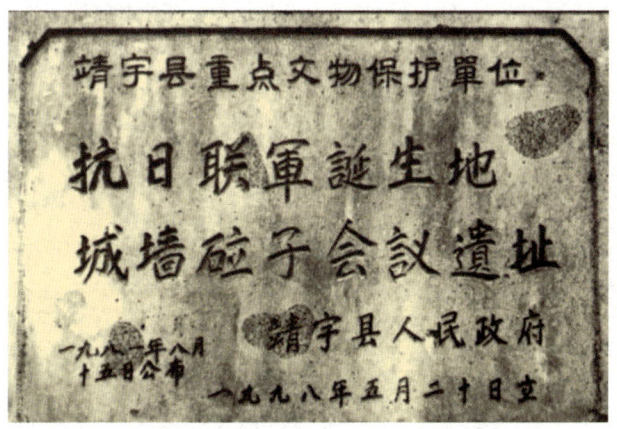

◆ "抗日联军"诞生地城墙砬子会议遗址纪念碑

◆ 抗联第一路军军校旧址。坐落在集安市榆林镇治安村的小山坡上，是一个由碳酸岩和火山石灰岩相结合形成的天然洞穴。洞口不大，但很长，宽敞处可容纳上百人

随着统一战线政策的有效实施，以独立师为核心的抗日力量迅速发展，兵力从最初的三百余人扩充至七百余人，联合其他武装后，南满抗日武装的总规模达到万余人。然而，部队快速扩编带来了新的挑战：不仅缺乏武器弹药，而且多数战士缺乏正规军事训练，主要依靠大刀、标枪甚至狩猎工具作战，战术素养薄弱。不少新战士因不懂战场规避，常出现"未接敌先伤亡"的情

况——有的尚未发现日军,就被枪炮击中牺牲。血的教训让军事教育成为迫切需求。

1937年9月,经指挥部研究决定,爷爷在集安榆树主持创办了一所军政学校,命名为"靖宇军校"①。学校针对战士的实际需求,开设射击技术、游击战术、地形利用等军事课程,同时开展政治思想教育,着力培养既懂战略战术又有革命信仰的骨干力量。在这个天然溶洞里,爷爷亲自讲授游击战术的核心要义与人民战争思想。他结合东北敌后战场的特点,系统阐释了"敌进我退、敌驻我扰、敌疲我打、敌退我追"的运动战、游击战原则,深入讲解如何依靠群众建立情报网络,如何利用地形开展伏击战与破袭战。除理论教学外,他还带领学员进行实战化训练:从侦察警戒的布防技巧、进攻队形的协同配合,到防爆破、反空袭、应对毒气袭击的具体防护措施,均开展有针对性的演练。这些紧扣实战的

---

① 现称抗联军校。

课程设计,有效地提升了抗联战士的战术素养和战场生存能力。战士们不仅掌握了地雷埋设、诡雷设置等战术反制手段,还学会了在日机空袭时利用山林地形进行隐蔽的机动战术,更掌握了在遭遇毒气攻击时,通过湿布蒙面、逆风转移等方法实施防护的技能。随着受训骨干陆续返回部队,抗联的整体作战能力得到显著提升。在老岭隧道破袭战、长岗伏击战等后续战斗中,部队展现出更强的战术执行力与协同作战能力。

这座位于老岭山区的抗联军校,虽然设在一个条件简陋的山洞里,却在那个战火纷飞的年代,成为抗联将士抗日救国的红色课堂。这里不仅是军事技能的培训基地,更是抗战思想的传播阵地。从这里走出的抗联将士们,犹如火种般撒向东北各地,让游击战术与人民战争思想在敌后战场生根发芽,使抗联军校成为照亮东北地区抗战征程的精神灯塔。

爷爷卓越的军事指挥才能,大大提升了抗联的战斗力,更令敌人深为忌惮。日军在档案中

第四章 爷爷的军事指挥才能

坦言:"第一路军总司令杨靖宇富有军事才干,实为我方心腹大患。"作为东北抗联第一路军总司令,爷爷率领部队长期在长白山麓、鸭绿江畔开展游击作战,他指挥的军事行动如同插入敌伪统治心脏的锋利匕首!"七袭邵本良""奇袭老岭隧道""长岗伏击战"……破坏日军交通线、捣毁据点工事,他带领抗联战士始终冲锋

◆ 1937年7月25日,杨靖宇以东北抗日联军第一路军总司令部、全体将士名义发布《为响应中日大战告满军同胞书》

113

在抗战最前线。

针对日军推行的"治安肃正"计划,爷爷灵活运用运动战、游击战,将部队分散成多个游击支队,在白山黑水间实施破袭战、伏击战,共牵制日军关东军及伪满军数十万人,有效阻滞了日军"北进苏联、南攻华北"的侵略部署。

2025年2月21日,为纪念中国人民抗日战争暨世界反法西斯战争胜利80周年,杨靖宇诞辰120周年、殉国85周年,吉林省档案馆公布了新发掘的一封爷爷的日文译文信件档案。从"响应中日大战"等词句来看,该信件应形成于七七事变后不久。爷爷敏锐地意识到"中日大战"的形势转变,率先在东北地区发布了抗日宣言、布告等,最早率部主动出击,以实际行动与关内抗战相呼应,有力地配合了全国的抗日战争。

作为中国共产党领导的东北抗日武装核心领导人,爷爷的军事实践不仅是中华民族抗战史的重要组成部分,也是世界反法西斯战争的重要组成部分。其创建并领导的东北抗联以艰苦卓绝的斗争牵制了日军大量兵力,有力地配合了全国的抗日战争,为世界反法西斯战争的胜利作出了不可磨灭的贡献。

第四章 爷爷的军事指挥才能

第五章 爷爷的『人情味』

第五章 爷爷的"人情味"

在艰苦卓绝的抗战岁月里,我的爷爷以钢铁般的意志和不屈的革命精神,为民族解放,国家独立铸就了一座不朽的丰碑。他在冰天雪地、饥寒交迫的极端困境下,孤身一人与日寇展开殊死搏斗,直至壮烈殉国,这些英勇事迹

◆ 杨靖宇将军画像

119

早已家喻户晓。在生与死的考验面前，爷爷不仅展现出坚毅果敢的英雄气概，更有一颗充满柔情的心。他的"人情味"如炭火般温暖着身边战士的心，让人们看到英雄既有铮铮铁骨，又有血有肉。

　　我看过爷爷的警卫员黄生发的一份口述资料，他有很多鲜活的回忆。他说，爷爷身材很魁梧，瓜子脸、尖下颏、高颧骨、单眼皮、浓眉毛，眼睛炯炯有神。冬夏不留长发，常剃光头。面部微黄，有光泽，鼻梁两侧零星地分布着雀斑。门牙一个大些，一个小些。思虑问题时，他常常习惯用牙咬着大拇指，像在品尝什么似的。平时着装，夏秋穿缴获的日军黄军装，头戴大盖帽，脚蹬五眼黄胶鞋。他的脚大，一般尺码穿不下。打一副绑腿，里层为呢子料，外层是布的。里面是缴获的日军薄绒衣、毛衣、毛裤，腰扎扣环的牛皮带。宽皮带上挂着一个小子弹盒，佩戴金机满槽大镜面匣子①、马牌撸子②、小五封子③。在当时，这些

---

①驳壳枪。
②勃朗宁手枪。
③日式左轮。

第五章 爷爷的"人情味"

短枪比其他牌子的更精致。他的武装带是红色暗扣式，外层是羊羔皮，里层是硬皮子，肩上斜披着一条黑色子弹带，下边装着五排子弹，共一百发，上边夹层里装着一些伪币。使用八倍望远镜，镜壳淡紫红色，挺新鲜。冬装有一件狐狸皮大衣，狐狸腿后有烙印，衬里是黄布面，自己用白花旗布染成的。[①]这些细节让从未见过爷爷，甚至没见过他一张清晰照片的我，突然觉得他真实可触——魁梧的身躯、有神的眼睛、脸上的雀斑，乃至咬拇指的习惯，都让我感到亲切。于我而言，爷爷不光是书本中的抗日英雄，更是一个有血有肉的鲜活家人。

东北的冬天漫长寒冷，最低气温可达零下四十多摄氏度。1935年初冬，在日军严密封锁下，驻扎在柳河县四方顶子山的东北人民革命军第一军军部物资极度匮乏，尤其缺少御寒棉衣裤，仅有部分战士穿上了棉衣裤，有些则是半身棉衣，即只有棉袄没有棉裤，或者只有棉

[①] 《吉林文史资料》编辑部、政协通化市委员会文史资料委员会：《回忆杨靖宇将军》，吉林文史资料第24辑，中国人民政治协商会议吉林省委员会文史资料委员会，第169—170页。

裤没有棉袄,将近一半的战士穿着夹衣。在这种情况下,爷爷始终与战士同甘共苦,每次新弄来棉衣,他都要求先分给病号和体质虚弱的战士,并说:"我的身体比你们好,更抗冻。如果我先穿上了棉衣,同志们还穿夹衣,我心

◆ 杨靖宇将军殉国地纪念雕像

第五章 爷爷的"人情味"

里怎么能踏实!"在爷爷的影响下,干部们纷纷效仿,部队上下团结互助,共克难关。

爷爷深知,在艰苦的战斗环境中,战士们不仅要承受身体的疲惫,更要面对精神上的重压。因此,他总是从生活细节入手,把关怀化作实实在在的温暖。

爷爷穿不上棉衣的事很快传到了柳河县进步人士刘文阁的耳中,他请人耗时四天赶制了那件狐狸皮里大衣,既保暖又结实。大衣做好后,刘文阁亲自送到四方顶子山。据他回忆,爷爷住在一间低矮的茅草屋里,四壁透风,正和战士们围着火堆烤火,身上还穿着半旧的黄色上衣,手里拿着一张地图。得知大衣的来历,爷爷很是感激,但严肃地说:"用做这件衣服的成本,可以做三四套棉衣了,能解决更多同志的困难。咱们倡导官兵平等,每个战士的身体都重要。"这番话让刘文阁深受触动,回去后他发动群众筹集了数十套棉衣送往营地。而那件皮大衣,爷爷始终没穿,而是送给了体弱的小战士。

一次,部队被敌军封锁在深山,断粮多日。炊事员好不容易找到一把炒黄豆和一张饼，想给爷爷补身子，却被他摆手拒绝："革命是大伙儿的事，我一个人吃不下。送给伤员同志们，他们流了血，更需要补养。"通讯员小聂看着爷爷深陷的眼窝和凸起的颧骨，心疼不已。他跑到结冰的河沟旁，用刺刀凿开冰窟窿，抓了十多只蝲蛄和蛤蟆，用茶缸煮熟后端给爷爷。爷爷闻着鲜香，握住小聂的手说："小家伙，心意我领了，可现在大伙都饿着，我尝口汤，你给伤员们送过去。"小聂拗不过，只好服从命令。可是伤员们都不肯吃，小聂只好又把汤端了回来。

爷爷接过茶缸，亲自送到伤员住的地方，一进门就笑着道："同志们别客气！东北有'三宝'，咱今儿加两宝——蝲蛄、蛤蟆赛山珍！你们尝尝，这东西蛮香哩。"伤员们说："留着给杨司令吃。"爷爷听了哈哈大笑，说："吃东西我可不落后，你们看，一大茶缸我吃了一半，剩下的你们趁热吃，不然凉了可就糟蹋这好东西喽！"说着便把汤塞到伤员手中："你们吃吧，你们吃了我心里才舒服，养好了身子好去打鬼子。"伤员们这才大

第五章 爷爷的"人情味"

口吃了起来,心里满是感动。

转移途中,爷爷常把马让给伤员骑,自己跟着队伍步行。一次,一名年轻战士脚部受伤,行走十分困难。爷爷见状,立刻牵过马来,扶他上马,轻声叮嘱:"养好伤才能打仗,这马你安心骑,我走路惯了,不打紧。"战士望着爷爷疲惫的身影,执意推辞,爷爷却板起脸说:"服从命令!你的任务是尽快康复,回到战场杀敌!"在爷爷的坚持下,战士含着热泪上了马。

爷爷的"人情味"也体现在对战士的尊重上。据老抗联战士回忆,他极少动怒,急了也只说一句"岂有此理",语气重了,大家便知道事情严重。部队风清气正,常开班务会讲团结、讲群众纪律:不拿群众一针一线,不准搜俘虏腰包。战斗结束后,只收缴武器弹药,个人财物一概归还。爷爷还亲自给俘虏宣讲我党的政策:缴枪不杀,愿意回家的发路费,想抗日的敞开大门。许多伪军士兵深受触动,纷纷要求加入抗联。

制定作战计划时,爷爷总爱和大伙儿商

量;召开作战会议时,他总是鼓励每个人献计献策。有一次,在攻打日军据点前的作战会议上,一名年轻的排长提出了不同的攻打方案。他认为,日军据点周围的地形复杂,正面强攻可能会造成较大伤亡,不如采取迂回战术,正面佯攻,从敌人侧翼发起攻击。听了这位排长的发言后,爷爷并没有急于表态,而是认真地思考了一会儿,并让大家对这个方案进行充分讨论。经过分析,大家都认为这个方案切实可行。最终,爷爷采纳了这个建议,部队按照新的作战方案攻克了日军据点,取得了战斗的胜利。这件事让战士们明白,司令的尊重不是口号,而是实实在在的信任,只要有利于战斗,哪怕是普通士兵的建议,也会被认真听取。爷爷谦和如兄长,遇事必与战士们并肩而坐,认真倾听每一个声音,即使是普通士兵的想法,也会被他郑重地记在心里。

在纪律面前,爷爷更是以身作则。1935年冬天,在河里抗日游击根据地,爷爷因洗脸时放下配枪,违反了"游击环境枪不离身"的纪律,便主动站岗一小时。这件事在部队和

第五章 爷爷的"人情味"

群众中传为佳话,当地百姓编了一首歌谣:"杨司令,上岗哨!山呼林应问声好,抗联官兵似兄弟,好像一母两同胞!"爷爷用行动让战士们懂得,纪律不是挂在嘴上的要求,而是刻在心里的自觉,哪怕是司令,也没有例外。

在部队里,爷爷从不搞特殊化,始终与战

◆ 位于通化县兴林镇的杨靖宇将军站岗地

士们同吃同住同劳动，过着一样艰苦朴素的生活。据军部传令兵刘金山回忆，1936年秋天的一个深夜，战士们正在他隔壁的房子里推磨磨荞麦面。午夜时分，刚忙完工作的爷爷披着大衣走进磨坊，笑呵呵地对大家说："同志们辛苦了，这下该换我'值班'啦。"战士们赶忙劝他："司令您忙了半宿，哪能再让您劳动？身子骨不歇着怎么行！"爷爷却摆摆手说："休息啥？推荞麦本就是大伙儿分外的活儿，当司令有司令的事，当传令兵有传令兵的事，但吃饭是咱共同的事，谁都该搭把手！"说着便脱下大衣，抢过磨柄就推起来。他一边推磨，一边用带着河南口音的普通话跟大家开玩笑。那时刘金山才十五岁，个子矮，站起来刚到司令的胳肢窝。他后来回忆说，当时自己心里特别激动。在战士们眼里，司令不仅跟大伙儿一起干活，还总是那么乐观，跟他相处就像跟平常的同志一样，随和又亲切，满是人情味。

1938年夏天，东北抗联第一军第一师师长程斌叛变，带领敌人捣毁了抗联的密营和

第五章 爷爷的"人情味"

◆ 杨靖宇使用过的石磨（现存于杨靖宇烈士陵园）

粮库，此后抗联的日子愈发艰难。转年（1939年）春节，战士们只能靠炒黄豆过年。据抗联第一路军警卫旅一团警卫员沈凤山回忆："那时每人分两小勺黄豆，用的是朝鲜族人家常用的铜勺,一勺就几粒,根本填不饱肚子。我一米八的个子,刚入伍一年,过年就给这么两小勺炒黄豆,鼻子一酸眼泪就掉了下来。正巧司令路过营房,听说有小战士哭,二话不说就把自己那份黄豆全塞给了我。我看着司令比我还高,却和我们一样只分两勺黄豆,心里愧疚极了:'司令那么操心,这点儿黄豆哪够您吃啊,我不要!'司令却笑了:'孩子,今年委屈你们这些小尕儿①了。别哭,挺过这段最苦的日子就好了。越是快天亮的时候,天越黑,咱们这点儿苦快到头了,啊!'"

其实,这两勺黄豆已是部队想尽办法"淘弄"来的"年嚼裹儿"②。年后,按照"化整为零、分散游击"的策略,军部警卫旅第一团与司令分开。不久,他们得到了杨靖宇将军牺牲的消息,才知道将军牺牲时胃里没有一粒粮食,只有草根和棉絮。沈凤山回忆到这里时声音哽咽:"我当时哭啊,后悔自己不懂事,

---

①方言,意为小家伙。
②方言,指过年的食品。

第五章　爷爷的"人情味"

不该收下司令的黄豆。我总琢磨，要是他多留两勺粮食在肚里，是不是就能多撑一会儿……这两勺黄豆，成了我心里一辈子的痛，也成了我对抗联最深刻的记忆。直到现在想起，心里还揪得慌。"

1940年2月初，爷爷带着十五名战士于濛江

◆ 集安老岭抗联第一路军游击根据地遗址（杨靖宇将军曾站在图中巨石上作动员讲话）

西北岗突出重围。天黑后，大家在一处沟膛拢火取暖。这时，警卫员黄生发从背包里掏出一块苞米面干粮递给爷爷，说："司令，您吃点吧。"他摆摆手说："大伙都饿着呢，掰碎了煮锅汤，咱一块儿喝！"警卫员掰下半块饼煮成汤，把剩下的半块饼收进了口袋，留着下次再煮。

　　汤煮好后，战士们谁也不肯动勺，争着说："司令您年纪大，身体又不好，您先吃！我们年轻，扛得住。"爷爷却笑了："我在东北吃了这么多年苦，饿惯了。你们身子骨嫩，正是长力气的时候，听我的，喝！"推让再三，最后爷爷板起脸说："那好，我先喝一口，然后大家必须喝，一个都不许落！"大家这才挨个喝，十个人轮着喝了一圈，罐子里还剩大半。一个小战士突然低头抹泪，爷爷拍着他的肩膀说："瞧瞧这火，烧得多旺！革命就像这把火，大雪封山、鸟兽归林又怎样？只要火种在，就能驱寒，就能照亮黑夜。咱们每个战士都是火种，哪怕烧成灰，也要把天烧红。能当这样的人，不正是最大的福气吗？"战士们握紧手中的枪,齐声高喊:"再苦再难,我们也要抗日到底!"

这份同生共死的情谊,连战场上的敌人都为之肃然起敬。20世纪90年代,党史工作者采访到一位原关东军老兵金井。他回忆时动情地说:"半个世纪过去了,我一直崇敬杨将军。他是真正的武士,他的军衔应该和我们关东军司令一样高,可他和普通士兵吃一样的饭,穿一样的衣,睡一样的床,实在是不可思议!作为原日本关东军二等兵,我已经七十六岁了,我还活着,他却早已离开了这个世界。我愿意把最后的军礼敬给这位坚强的中国军人。"[1]说完他立正站好,对着爷爷的照片敬了一个庄严的军礼。

爷爷与战士们同甘共苦,爷爷带领的抗联部队也始终把老百姓的冷暖挂在心头,宁可自己忍饥受冻,也要把群众的利益放在首位。他治军极严,要求战士严守"不拿群众一针一

---

[1] 宋晓宏、高峰、傅伟:《永久的丰碑——杨靖宇将军资料汇编》,吉林文史出版社,2005年版,第365页。

线"的铁的纪律，做到"饿不与民争食、冻不与民争衣、战不与民留难"。在和乡亲们接触中，他始终怀着赤子情怀，处处透着暖人心窝的"人情味"。

每到一处，爷爷总要和战士们一起帮老乡扫院子、挑水、劈柴、耕地，给极度贫困的人家送衣送粮。1933年，他领着东北人民革命军第一军独立师的部分战士在濛江县（今靖宇县）那尔轰西北岔子的刘世琴家暂住，这里成了战士们隐秘的"落脚点"。队伍常常是今天刚到，明天便隐入茫茫山林，但每次来，战士们总会按爷爷的要求，抢着帮刘家挑水、劈柴，啥活都干。队伍里的女同志也没闲着，整天忙着洗衣做饭，同时还写标语、印传单，为抗日奔走不停。刘世琴觉得自己是个农村妇女，无法上战场，却能在灶台上多搭把手，让战士们吃上热乎饭。有一天，爷爷对她说："小刘同志，我们吃的每粒粮食都记着账呢，等把日本鬼子赶跑了，一定还你们。"刘世琴这辈子第一次被喊"同志"，心里暖乎乎的，

第五章 爷爷的"人情味"

回答道:"杨司令您说哪儿去了?你们为我们打天下,不知吃了多少苦,可我们为你们做得太少了。只要能把日本鬼子打跑,就是把我家粮食吃光我也高兴啊!"

爷爷指挥战斗有个雷打不动的原则——"对当地人民损害大的不打",这是他定下的"四不打"原则中最重要的一条。他常说:"咱多吃口野菜、多爬座山没啥,不能让老百姓跟着遭罪。"每次打了胜仗,他都要把缴获的物资分给乡亲们一部分。1938年6月24日夜里,爷爷带部队兵分三路袭击通辑铁路土口子隧道工地,一仗下来打得敌人溃不成军,还收缴了大批粮食、布匹。大量物资被就地分发给工人和老乡,爷爷告诉他们:"这些东西本就是鬼子从老百姓手里抢的,现在归还给你们!"并号召他们团结起来,同日寇和汉奸作斗争。乡亲们当场揭发了欺压百姓的汉奸和日本工头,爷爷按大家的意愿惩处了这些坏人,对日本平民给予人道待遇,未伤毫发。

老百姓都说:"抗联心里装着咱穷人,最有人

◆ 通辑铁路土口子铁路桥（资料图片）

◆ 修筑中的通辑铁路（资料图片）

第五章 爷爷的"人情味"

情味!"

1936年春荒时节,青黄不接,部队借住在城墙村孙树章家。战士们连日征战,体力消耗大,可粮食实在紧缺,爷爷就带着大家漫山遍野挖野菜,煮菜粥吃,把省下来的口粮留给乡亲们。司务长心疼爷爷,于是做饭时偷偷多抓了把米,没想到被爷爷发现了。爷爷硬是让司务长往锅里添了半筐野菜重新煮,并把煮好的米、菜分给大家吃。这一幕让孙树章的父亲非常感动,他执意要把家里的粮食捐给部队。

在集安五女峰,有一盘至今仍保存完好的碾盘。据当地老人房殿令回忆,1938年爷爷率东北抗联第一路军在老岭抗日游击根据地活动时,乡亲们就是用这样的碾盘磨粮食支援部队。爷爷每次路过五女峰,总会挽起袖子推碾子,帮老乡磨粮食。这个布满岁月痕迹的碾盘,默默见证了抗联将士与百姓肩并肩磨粮、心连心抗战的军民鱼水深情。

后来日伪推行"集团部落"政策,妄图切断抗联的补给线。但乡亲们仍冒着被杀头、灭

137

门的风险,把磨好的粮食藏在柴草里,缝进棉袄夹层,千方百计地往深山里送。

　　爷爷的"人情味",是融入血脉的温情。他用一生践行着对战友的关爱、对人民的赤诚,让"革命"二字有了温暖的底色。在那战火纷飞的岁月里,他的"人情味"不仅凝聚了

◆ 位于集安五女峰的碾砣碾盘遗址

军心，也让百姓看到了希望。如今硝烟早已散去，但爷爷的身影、爷爷的精神，如同他曾撒播的火种，永远在我们心中燃烧，照亮着我们前行的路。

第五章　爷爷的「人情味」

第六章 以文化人,创造了形式多样的抗联文化

第六章 以文化人,创造了形式多样的抗联文化

爷爷领导的东北抗联第一路军,在极端困苦的环境中与日寇展开艰苦卓绝的斗争。这种斗争不仅是枪林弹雨中的生死对抗,更是关于信仰与意志的殊死较量。在长期战斗中,部队孕育出独具特色的抗联文化。尽管物资极度匮乏,战士们却信仰坚定,始终保持革命乐观主义精神,坚决与敌人血战到底。是什么让抗联战士在极端困境中拥有如此超乎常人的精神力量?爷爷是一位深谙"以文化人"道理的治军能手,他善于将理想信念教育融入军事斗争与日常生活之中,使"文化治军"成为抗联在与日伪军进行思想意志较量中克敌制胜的精神武器。

东北抗联的文化活动丰富多彩,首推文化知识学习。抗联战士多为劳苦大众,大多数人没上过一天学,普遍存在组织纪律意识薄弱、战斗素养不足、革命意志不坚定等问题,

他们对抗联"抗日救国"的宗旨认识模糊,仅停留在打鬼子、过好日子的认识上。因此,文化教育成为必修课。唯有通过学习,才能让战士们明白"为谁扛枪、为谁打仗、为何抗日",真正激发他们的抗日热情。爷爷要求战士们每年掌握五百个生字,这样坚持两三年即可阅读一些文章。这一要求成为第一路军文化强军的鲜明标志。一首《杨司令教写字》的歌谣,生动地再现了当年的场景。

> 劈根树枝做杆笔,雪地铺着当白纸。
> 杨司令把手教写字,小尕儿个个来学习。
> 一字一句记心里,永做中华好儿女!

由于南满地区多民族聚居的特殊环境和战事需要,爷爷还要求战士们学习日语或朝鲜语。这样既能增进与朝鲜族战友的沟通,也能提升应对日军搜查的应急处理能力。这一要求源于爷爷的切身体会:1932年11月,他初到南满开展工作,遇到的当地游击队干部大多是

第六章 以文化人,创造了形式多样的抗联文化

朝鲜族,常因语言不通而影响工作,他便刻苦自学朝鲜语,虽不流利,但能听懂对方讲话。为团结朝鲜族战士共同抗日,他在全军倡导学习朝鲜语,这不仅拉近与朝鲜族战士之间的情感距离,也有利于作战配合。第一路军司令部直属部队的战士不少具备"双语能力",至少达到"能听懂"的水平,这使得作战效率显著提升。部分战士还精通日语,后来赴苏的同志甚至掌握了俄语,如沈凤山、杨效康、杨凤鸣等人。

东北抗联第一路军中有位日本籍战士,名叫福间一夫。他原本是日本东亚土木株式会社的架子工,1936年随侵华日军来到中国东北,在通辑线铁路建筑工地当工头。别看福间一夫是日本人,却为人善良,不仅不打骂劳工,还同情中国劳工的疾苦,并且暗地里帮助工人们传递信息,因此中国工人对他的印象都不错。1938年6月24日,爷爷指挥抗联攻打通辑线铁路隧道工程现场,抓获了福间一夫等八名日本俘虏。劳工们见抗联战士把福间一夫也

抓起来了，便集体去找军部秘书处长兼作战参谋韩仁和讲情，说福间一夫是日本人里少有的好人，对中国劳工很好，请求放了他。得到同意后，福间一夫却说啥也不走，非要参加抗联不可。他说："日本侵略中国是不对的，我也是个受苦人，我反对这种做法，我要参加抗联。"经过军部开会讨论，爷爷同意把他留在警卫旅一团机枪连，编为八号战士。因为他岁数比较大，当年已经三十多岁了，大家叫他"老八号"。按部队规定，每名战士需掌握两种语言，韩仁和便安排他跟沈凤山等战士学汉语。

为系统地开展文化教育，1937年，爷爷率部在集安整训期间，主持创办了抗联军校。军校从当年9月末开课，至1938年8月部队转移停办，历时近一年。据抗联老战士回忆，第一期一百九十多名学员聆听了参谋长杨俊恒讲授的党课和军事课。此后在战斗间隙，军校累计举办六期培训班，培养了大批优秀的抗联将士。

抗联军校的课程涵盖政治课、文化课、军

第六章 以文化人,创造了形式多样的抗联文化

事课。政治课上,指导员系统地讲授中国近代史和党的政治路线及国际革命形势,内容包括鸦片战争、九一八事变等帝国主义侵华史实,中国共产党的抗日主张、抗日民族统一战线政策,中国工农红军北上抗日与万里长征的壮举,以及俄国十月革命对中国革命的影响等。通过教育,学员们的政治觉悟显著提高,对抗战的信心更加坚定,革命理想信念也更加坚定。

文化课由文化教员教授读书、写字。因条件艰苦,战士们以树枝为笔,冬季在雪地上书写,夏季在树干上刻字。据抗联老战士回忆,很多树干上刻着标语,如"打倒日本帝国主义""抗联从此过,子孙不断头"等,这些标语是为了宣传、鼓动群众。文化干事把树干当成黑板,他们先在树干上刻字,战士们再描摹学习,如同现代的"描红"练习。识字后,战士们开始阅读报纸,《救国时报》是当时抗联了解中央精神和外界动态的重要渠道。爷爷初见此报如获至宝,视其为精神食粮。报纸经辗转送达后,其中重要内容会被刻版油印分发给

各连队,帮助战士认清国内外形势,坚定抗日必胜的信念。

军事课由军事干部讲授战术技能。战斗间隙,文化干事组织"政治讨论会""读书读报会",以巩固学习成果。每次战斗结束后,爷爷都会主持讲评会,复盘战斗得失,鼓励战士们踊跃发言。通过讲评交流,战士们不仅加深了对战术的理解,吸取了经验教训,还增进了彼此间的革命情谊。

对于抗联战士而言,学唱革命歌曲也是必

◆ 位于集安市榆林镇治安村的抗联军校旧址

第六章 以文化人，创造了形式多样的抗联文化

修课。爷爷不仅是杰出的军事指挥员，也是以文艺为武器的宣传家。他善用歌曲鼓舞士气，通过旋律激发民族意识，凝聚部队战斗力，助力战士克服困难。在通化杨靖宇烈士陵园，陈列着一把1934年生产的"国光"牌口琴，这是爷爷当年使用的同款乐器。

日军曾困惑于一个细节：在冰天雪地中食不果腹，随时面临生死考验，爷爷为何始终随身携带口琴？他们不知道，每当战士们闲暇或遇到困难的时候，爷爷常以口琴吹奏歌曲抚慰战士的情绪，提振军心。1931年在哈尔滨满洲省委工作期间，爷爷曾向进步音乐家金剑啸学习口琴演奏。到南满创建抗联后，他将这一爱好带入部队，悠扬的琴声为战士们带来了快乐和希望。这支口琴被他称作抗联的"第二杆枪"，爷爷希望以文化为武器激励将士奋战到底。在他的带动下，抗联战士几乎人人都会唱歌。

戎马倥偬间，爷爷创作了多首经典抗联歌曲，其中不少广为传唱。1933年春创作

我的爷爷 杨靖宇

◆ 1934年生产的"国光"牌口琴,与杨靖宇将军生前所用口琴同款、同制期

的《四季游击歌》,是目前已知的东北抗战时期有文字记载的第一首抗日游击歌曲;《东北抗日联合军军歌》(后改编为《东北抗日联军军歌》)是爷爷早期创作的代表作之一。他不仅自己创作,还鼓励指战员尝试写歌,常于休整时询问:"部队在唱什么歌?""有什么新歌?"有时爷爷还拿起木棍当指挥棒,指挥连队开展歌咏活动。《中韩民

第六章 以文化人,创造了形式多样的抗联文化

族联合起来》《西征胜利歌》《东北抗日联军第一路军军歌》等歌曲均出自爷爷笔下。

1933年5月,爷爷在哈尔滨参加中共满洲省委扩大会议时,首次接触到《国际歌》,感慨"唱着这样的歌浑身长力气",萌生了创作军歌的念头,希望通过歌声传递抗日宗旨,鼓舞士气、凝聚斗志。1936年7月,在河里会议期间,爷爷创作出《东北抗日联军第一路军军歌》。

我们是东北抗日联合军,
创造出联合军的第一路军。
乒乓的冲锋杀敌缴械声,
那就是革命胜利的铁证。

正确的革命信条应遵守,
官长和士兵待遇都是平等。
铁一般的军纪风纪都要服从,
锻炼成无敌的铁军。

一切的抗日民众快奋起,
中朝人民团结紧。
夺回来丢失的我国土,
结束牛马亡国奴的生活。

英勇的同志们前进吧,
打出去日本强盗推翻"满洲国"。
进行民族革命正义的战争,
完成弱小民族解放运动。

高悬在我们的天空中,
普照着胜利军旗的红光。
冲锋呀,我们的第一路军!
冲锋呀,我们的第一路军![1]

很快,这首歌在全军传唱开来,成为东北抗日联军第一路军战士的精神号角。战前动

---

[1] 韩玉成:《东北抗战歌谣》,北方妇女儿童出版社,1988年版,第1—2页。

员、战后庆功、行军休整时，总能听见激昂的歌声。战士们用红纸、绿纸印制歌片，为防潮湿，特意将歌片用桦树皮包裹后揣在怀中，随身携带。

"正确的革命信条应遵守，官长和士兵待遇都是平等的。铁一般的军纪风纪都要服从"，体现了爷爷"文化治军"的理念：要求领导干部能文能武、以身作则，严禁搞特殊化。为发挥音乐在部队战斗生活中的作用，爷爷向部队骨干明确提出了"四会"要求，即：会用机枪、会吹口琴、会唱歌、会唠嗑（会做群众工作）。抗联战士将唱歌融入战斗生活：开会学唱、休整练唱，甚至在战场上"唱着打"，形成了被伪满军称为"一喊二唱三打"的独特战术。

1936年春，抗联第二军四师在安图县老金场遭伪满军"双枪队"（指大烟枪和手枪）包围。危急时刻，战士们高唱军歌发起冲锋，最终反败为胜。被俘的伪连长李道善指着三连连长董崇斌的口琴惊叹："你们抗联打仗，

第六章 以文化人，创造了形式多样的抗联文化

不唱歌就吹'魔笛儿',把人的心都吹散了!"①

  1938年10月17日的岔沟突围战,是程斌叛变后,爷爷与日伪军进行的一次重要战斗。黄生发是爷爷的警卫员,随爷爷战斗到最后阶段,奉命突围后幸存下来。据他回忆,由于程斌叛变,这年秋天,爷爷便率领队伍向八道沟一带转移,准备联络第四师,传达辑安(集安)高干会议精神。日军闻讯,便调集兵力,企图消灭爷爷的队伍。岔沟是个沟连沟、山连山的大山沟,仅几户人家,极为偏僻荒凉。爷爷让战士们在路边休息,便领着黄生发等人去地里找老乡。他们在高粱地里找到了一个正在割高粱的老大爷,爷爷见老大爷身上的衣服补丁摞补丁,便把自己的军大衣披在老大爷身上,拿起大爷的镰刀就干了起来。这时,一架飞机飞了过来,在他们头上盘旋,且越飞越低,低得都能看得见飞机上的"红膏药"

---

  ①刘贤:《抗联歌曲研究》,吉林文史出版社,2017年版,第278页。

了。机枪连迫不得已开了枪,飞机撒下一些传单后飞走了,黄生发跑过去捡回来一张递给爷爷。黄生发说爷爷看了一遍,哈哈笑着向大家说:"你们听听!这上面胡说八道些什么?匪首杨靖宇,我们已摆下铜墙壁阵,死活两条路任你挑选,你若能归顺,封你为东边道的都督……""啊,好大的官,东边道都督,不过,要是东边道归了我们,日本人就得没道滚蛋了!"战士们也跟着哈哈大笑起来。①

行踪暴露,爷爷一面召开会议研究新的战斗方案,一面布置各队作好战斗准备。果然如爷爷所料,队伍刚转移不远,就和敌人碰上了。爷爷一面沉着地下着命令,一面带领大队抢占岔沟制高点。战斗异常激烈,从早上一直打到下午,抗联部队才占领了制高点。敌军发动了几次冲锋,都被打退了。爷爷分析,正面攻击的敌军,是程斌的队伍,这些士兵,都是

---

① 《东北抗日联军史料》编写组:《东北抗日联军史料》(下),中共党史资料出版社,1987年版,第638—639页。

受过抗日爱国教育的,他们叛敌是不得已而为。爷爷一面调集二十九挺机枪组成机枪队,一面又从少年铁血队等队伍中选出了二十多个身强体壮会唱歌的战士组成了宣传队,让宣传队战士趴在石砬子上喊口号,唱抗日救国歌。

中国人不打中国人,
中国人不打中国人!
我们别给日本当开路先锋,

我们要为民族解放斗争!
倭寇屠杀了东北父老,
又叫你们对阵抗日(联)兄弟同胞。

我们决不再自煎自熬,
叫敌人笑哈哈地袖手取巧。
弟兄们,中国人不打中国人,
留着子弹打日本!

> 弟兄们，中国人不打中国人，
> 携起手来，打倒小日本！①

激昂的歌声穿透硝烟，响彻林海，唱出了抗联的浩然正气，也让程斌部队彻底组织不起攻势。据参与此战的叛徒白万仁回忆："从跟老程下山，已经好久没有听到唱歌的声音了。冷不丁听到阵地上传来曾经熟悉的歌声，觉着心里头格外热乎，我也跟着哼了起来。老程听见了，啥话不说上来就踹我两脚，骂我'号丧也不看时候！'"17日晚，爷爷召集了师、团干部会议。经过充分讨论，大家一致同意爷爷提出的作战方案，由特务连作向导，向西北移动。很快，他们离敌人越来越近，连敌人的说话声都能听得清清楚楚。爷爷命部队停下来，由特务连先上。敌人看到有人，立刻开了几枪，会说日语的特务连长厉声喝道："他妈

---

① 刘贤：《抗联歌曲研究》，吉林文史出版社，2017年版，第12页。

第六章 以文化人，创造了形式多样的抗联文化

的！打什么，都是自己人。"会日语的朝鲜族战士也喊起来，一时把敌人弄糊涂了。趁乱，特务连连长连开两枪，敌人阵营很快乱成一

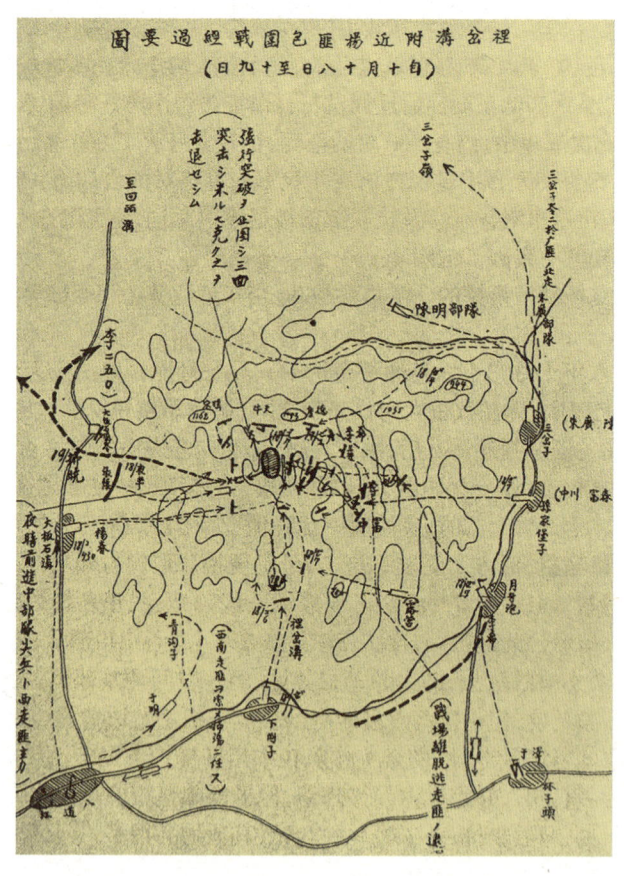

◆ 日军绘制的岔沟战斗经过要图

团,爷爷领着部队一边打一边往外冲,等冲出重围,还能听到身后杂乱的枪声。听说这仗一直打到第二天天亮,敌人才知道是自己人打了自己人。日伪《大同报》(1938年12月13日)的报道记载:"19日拂晓,在大激战中,杨等乘着夜色而脱走。"

当年,抗联战士学唱的革命歌曲种类繁多。有倾诉国破家亡之痛的《满洲百姓苦》《亡国恨》《五更叹》,有激发全民抗战热情的《一致团结打日本》《十大劝》《奉劝民众醒悟歌》,有歌颂抗联浴血奋战的《抗日联军真英勇》,更有瓦解敌人、争取伪军的《劝满洲士兵歌》《劝夫回头》等歌曲。爷爷将抗联歌曲化作战斗号角,用歌声动员群众、瓦解敌军、鼓舞士气,使其成为东北抗日战场上特殊的"文化武器",也铸就了抗联文化中不可替代的精神符号。

为向根据地群众宣传党的抗日主张,揭露日军暴行,爷爷推动创办了多种抗日刊物,包括油印报纸和画报。1938年底,中共南满省委机关刊物《列宁旗》创刊,作为领导干部学习的重要理论刊物,爷爷曾为其撰稿。更早时,第一路军政治部创办了《人民革命报》《人民革命画报》《青年义勇军报》,中共南满省委也先后创办了《南满抗日联合报》《反日民众报》等报刊。每当部队休整,爷爷便组织战士学习时事,阅读这些被百姓亲切地称为"小报"的刊物。

据抗联老战士回忆,磐石县城每日都有新"小报"贴满街头,日伪当局只能驱使地痞流氓"刮墙皮"清理,但往往今日刮除,明日又现。一首抗战歌谣唱道:"红军小报,满街满道,鬼子汉奸今天揭,明天又出特大号。"这首歌谣生动反映出抗联宣传的强大攻势,常令敌人焦头烂额,恼羞成怒。

东北人民革命军第一军创办的《人民革命画报》描绘了1935年8月底东北人民革命军第一军、第二军在那尔轰会师的盛况。画报不仅绘有会师的第一军、第二军及反日会群众,还描绘了会议主席台、演讲场景及演讲内容,生动

第六章 以文化人,创造了形式多样的抗联文化

◆ 东北人民革命军第一军创办的《人民革命画报》

◆ 东北抗日联军第一军创办的《抗日旬报》

再现了东北人民革命军战士载歌载舞、杀猪宰羊欢庆会师的场景，以及以汉奸邵本良为靶子开展射击演习的画面。

东北抗日联军第一军创办的《抗日旬报》报道了爷爷率部在通化热水河子战斗中获胜的消息。1936年2月27日凌晨，爷爷率领直属部队三百余人，向驻扎在通化县第二区热水河子的

第六章 以文化人,创造了形式多样的抗联文化

伪军第二旅第七团邵本良部发起突袭。在打入内部的老刘的指引下,东北抗日联军第一军部队迅速攻占街心炮楼,控制整个街区,打得敌人猝不及防。此战俘虏了被百姓称为"刘大绝户"的伪七团刘副官、伪满税捐局主任及日满殖产株式会社日籍经理福岛力藏等六十余人,缴获长短枪五十余支、子弹一千五百余发、机枪弹链盒及大米、白面、布匹等军需物资。报纸报道,此次战斗沉重打击了敌人的嚣张气焰,极大地鼓舞了群众的抗日斗志和战士们的必胜信念。

爷爷不光自办报纸,还在自身条件艰苦的情况下慷慨资助《救国时报》。《救国时报》由共产党人吴玉章于法国创办,是东北党组织、东北抗日联军了解党中央关于抗日战争方针、政策指示和国内外形势的重要信息载体。《救国时报》于1935年12月9日第一期第一版刊发了爷爷领衔发表的文告《东北抗日联军呼吁关内军政领袖"诸公即不救东北宁不自救 枪口一致对外建立抗日联军"》。因经费不足,《救国时报》

東北抗日聯軍呼籲國內軍政領袖

「諸公即不救東北實不自救　槍口一致對外建立抗日聯軍」

本報頃接東北抗日聯軍楊靖宇軍長吳義成司令等致國內軍政領袖及各法團通電，迭全國軍民一致成立國防政府救國軍，惜諸郵遞滯阻，尊乃國人勿忽視我東北之呼號也。電文錄後：

南京林主席，四川毛主席，南京蔣總司令，中國紅軍朱總司令，廣東陳總司令，香港陳銘樞先生，李濟深先生，宜昌陳營主任，山西閻錫靖主任，平津朱綏靖主任，東北軍張學良，西安楊主任，前抗日聯軍方將軍振武，孫將軍殿英，丁指揮，長沙何主席，重慶劉主席，西寧馬鎮守使，迪化盛行辦，甘肅朱主席，馬軍長鴻逵，十九路軍蔡軍長，前西北軍馮總司令，黃埔軍校、中央軍校、保定軍校，及全國各海陸空軍學校各同學們，前東北義勇軍將領：

馬占山，李杜，王德林等，全國各省市縣政府，全國各軍師團營連排長並特士兵兄弟們，全國各商會，農會，職工會，學生會，教職員聯合會，婦女會，律師公會及其他各法團，通訊社並特全國同胞們：

日寇亡我東北業已四年了，我東北四千萬同胞四年來飽嘗亡國痛苦。我國鐵路，礦山，銀行，土地，槍械，一一被日寇沒收了，我國工商業被推殘，屠屋遺燒燬，婦女被強姦，人民被屠殺逮捕，學校被封閉，眞是說不盡的亡國痛苦。我們艱苦戰業已四年，我們天天等關內出兵抗日，但至今尚未見出一兵登一卒。日寇現在又公開在我北五省組織所謂「華北國」，同時干涉我國一切內政外交，並積極準備佔領臺中國！

諸公們！同胞們！當此中華祖國藏在危險萬狀之中，諸公即不救東北，難道也不自救嗎？如不速即力求自救，眼看內錦繡山河又將非我所有，而關內同胞將又像我們一錯過亡國奴的生活了。

諸公們！同胞們！日寇亡我政策，乃「利用中國人殺中國人」，我們為着不中日寇陰謀詭計，我們為着就日救國，爭取中華民族獨立和統一，我們主張不分黨派，信仰，社業：槍鬥不等之不同，一切抗日的中國人都聯合起來，去共同武裝抗日，從前在東北共產黨領導下的反日隊伍與非共產黨領導下的反日隊伍常常仇視過，甚至武裝衝突過，但是我們以後從事實上認清了：當此亡國滅種之秋，我們中國人不應該打中國人，中國軍隊不應該打中國軍隊，因此在最近一年來，我們互相聯合起來了，我們成立了抗日聯軍總指揮部，在牠領導之下，昨日的仇人，今日變成抗日的戰友！各部隊抗日反滿的戰鬥力力大大增加了。

我們最近接到中國共產黨與中華蘇維埃政府提議建立全中國統一的"為抗日救國告全體同胞書"，抗日聯軍，並申明中國紅軍首願參加抗日聯軍云云。

我們代表東北四千萬同胞相各地反日隊伍，向諸公們誠懇地要求：不論蔣總司令的軍隊也好，不論其他派的軍隊也好，不論共產黨領導下的紅軍也好，不論過去參加抗日戰爭的軍隊或未參加過的也好，互相打過戰的或沒有打過的，都應該不分黨派信仰貨幣等之不同，都應該不分黨派信仰貨幣等之不同，一致以中華民族利益為前提，為了抗仇敵一部隊應以口一致對外，一致去武裝抗日，一致去保護中華……停止取中民族獨立則統一一致去武裝抗日……

祖國的十分緊。我們代表東北四千萬同胞與各地抗日隊伍向諸公敬懇要求：馬上開始談判，共謀國防政府與全中國抗日聯軍之建立，抗日聯軍之組織，抗日聯軍政治之綱領等等！現任者派張學良駐關內總代表，與各方面談判關於抗日救國各種問題，並將派東北民眾抗日隊伍代表向諸公請願，迅速出兵。

諸公們！同胞們！中華祖國處在危險之中！日寇得寸進尺，正在準備新的進攻。時機迫切，不容遲緩。請速行動！隨電不勝迫切待命之至。

打倒日本帝國主義！
收回東北失地！
大中華民國萬歲！

東北抗日聯軍第一軍軍長楊靖宇，第二軍軍長王德泰，第三軍軍長趙尚志，第四軍軍長李延祿，第五軍軍長周保中副軍長柴世榮，第六軍軍長謝文東，東北義勇軍總司令吳義成，副司令孔憲榮，湯原反日遊擊隊，海倫反日游擊隊，東北抗日救國總會。

中華民國二十四年十月十日

本報鳴謝啟事

茲承

東北抗日聯軍第一軍總司令楊靖宇軍長暨全軍將士由月餉節出國幣一千三百元捐助本報特此鳴謝

楊靖宇軍長會致緘本報，請該軍對本報擴表賓間，並一致節餉捐助本報國幣一千三百元，本報業將該緘發表（見本報第六十七期），現該款亦已收妥，特此致謝，用彰義舉。當本報經費極端困難之時，連年喋血抗日於白山黑水間之東北人民抗日聯軍第一軍將士ぃ惠，更使本報同人倍加感激。但本報經費困難已達極點，僱台高築，墊費印費時巨款ぃ惠，以致從五十四期起便無法按時出版。唯一希望是海內外各界同胞源源捐助，並竭力襄助本報基金募運動。

第六十九期

一度难以为继。爷爷闻讯后，带领抗联将士们节衣缩食，积极支援。1936年8月12日，爷爷致函《救国时报》："看见贵报上所公布的各地读者捐款，知道你们的办报经济上是很困难，似有不能维持之势。贵报的救国事业，也即是我们的事业。我们虽苦，给养尚可获得各地人民之志愿供应，所以我们全体士兵都一致同意通过，由本月饷项中节捐出国币一千三百元，作为援助贵报捐款外，并公推兄弟用全军名义致函贵报，聊申微意。捐款已设法由上海汇上，谅能收到……"爷爷的这封信，心意诚恳，感情真挚，充分表达了将士们对《救国时报》的深厚情谊。

1936年11月30日出版的《救国时报》，对爷爷慷慨支援一事鸣谢："兹承东北抗日联军第一军总司令杨靖宇军长暨全军将士由月饷节出国币一千三百元捐助本报，特此鸣谢。杨靖宇军长曾致缄本报，谓该军对本报极表赞同，并一致节饷捐助本报国币一千三百元，本报业将该缄发表（见本报第六十七期），现该款亦已收妥，特此致谢，用彰义举。当本报经费极端困难之时，连

第六章 以文化人，创造了形式多样的抗联文化

年喋血抗日于白山黑水间之东北人民抗日联军第一军慨将巨款兑惠,更使本报同人倍加感激。"捐款义举既支援了《救国时报》,也使抗联与这一海外宣传抗日的喉舌形成血脉相连的关系,还使全世界都知道在东北白山黑水之间,有一支英勇的队伍在为中华民族的生存而顽强战斗。

爷爷不仅擅长歌曲创作,还创作过多部话剧剧本,常在密营组织联欢会,丰富战士们的文化生活。1936年冬,爷爷率部在宽甸四平街密营休整时,排演了他根据真实事件创作的四幕话剧《王二小放牛》。话剧讲述了这样一个故事:日伪"讨伐队"与伪警察进村烧杀抢掠,日本军官打伤王二小的母亲,抢走其姐姐,放牛归来的王二小欲与敌人拼命,被乡亲拦住。抗联部队进村后,王二小协助抗联攻打伪警察署,救出姐姐并处决日本军官,最终带领乡亲们加入抗联。据爷爷的警卫员黄生发回忆,演出时搭起简易舞台,台前燃起火堆,爷爷坐在放倒的木头上看剧。警卫员王传圣、黄生发分别饰演王二小和姐姐,他们用破毛线充当长发,脸上还涂上了红色。剧情演至日军强行掳走村民的情节时，一名战士愤然开枪。事后得知，他的经历与剧中情节如出一辙。这场演出不仅为密营生活增添了文化气息，更激发了全体将士的抗日斗志。

如果说艰辛是抗联战士的日常，那么"苦中作乐"便是战士们的生活方式。为丰富文化生活，爷爷鼓励战士们在战斗间隙开展娱乐活动。

第六章 以文化人，创造了形式多样的抗联文化

◆ 位于集安市清河镇东岔村的抗联棋盘遗址

在吉林省集安市清河镇东岔村附近的深山里，至今仍留存着一块刻有棋盘的石头。当年抗联战士曾在此对弈，这是他们在战火中难得的娱乐活动。棋盘下方刻有"五月柱大山""天下太平"字样，其中"柱"为错别字，战士们想表达的是"五月驻大山"。

这种棋盘属于"直棋"，又称"农民棋"，是中国民间传统简易棋类游戏中的一种，多为各地农民因地制宜创造的娱乐方式。游戏规则类似今日的五子棋，无须固定棋盘和棋子，随地画格、布石即可对弈，因简便易行，深受农民喜爱。对于"以天为被、以地为席"的抗联战士而言，这种娱乐方式再合适不过。棋盘样式与关内民间棋类形制有相似之处，推测雕刻者可能来自关内。抗联战士来自四面八方，为民族解放背井离乡，奔赴东北战场。即便是5月的老岭山区，依旧阴冷潮湿，他们仍以革命乐观主义精神迎接每一天，憧憬着和平的未来。这方棋盘，不仅是消遣的工具，更是抗联将士"既能打仗，又能生活"的生动写照。

爷爷通过"文化治军",将文艺化作战斗的号角,把纸笔当作锋利的刀枪,鼓舞抗联士气。他带领战士开展文化学习、传唱革命歌曲、投身抗日宣传,将"抗击日寇、保家卫国"的信念深深植入战士心中,凝聚成无坚不摧的战斗力量。爷爷与抗联将士的革命实践及文化创造,不仅是弥足珍贵的精神财富,更是激励新时代人们奋勇前行的不竭力量。

第七章 爷爷的『愿望』

第七章 爷爷的"愿望"

在战场上,爷爷是骁勇善战的抗日英雄,谱写了可歌可泣、气壮山河的壮烈篇章。在生活中,他则是一个铁血柔情的汉子,心中藏着许多美好愿景的种子。

我们家往上数,祖祖辈辈都是勤劳朴实的农民。从河南泌阳逃荒来到确山县李湾村后,他们主要靠在煤窑做工和租种地主的土地维持生活。几辈人"面朝黄土背朝天",辛苦所得交完地租后所剩无几。和旧社会千千万万的贫苦农民一样,一家兄弟几人只有一条完整的裤子,谁出门办事谁穿。到太爷爷这一辈,经过多年拼命劳作、节衣缩食,日子才稍微好过一些。但不幸的是,1910年,也就是爷爷五岁时,太爷爷被疾病夺走了生命。太奶奶拉扯着两个孩子,艰难地支撑着这个家。

在那个年代,守寡的妇女不能穿颜色鲜艳的衣裳,才二十岁出头的太奶奶一年到头总

◆ 河南确山县李湾村杨靖宇故居（资料图片）

穿一身黑褂子。爷爷从小就心疼母亲的遭遇，长大后报考河南省立第一工业学校纺织印染专业，其中一个考虑就是要印染好看的花布，做美丽的衣裳，让母亲穿得漂漂亮亮。

河南省立第一工业学校是一所工科学校，设有纺织、印染两个专业，因此也被称为"纺织印染工业学校"。在校期间，爷爷进一步接受反帝爱国思潮，深感要使国家富强，改变被列强宰割、民不聊生的状态，就要振兴民族工业。爷爷怀着"工业救国"的梦想，立志学好

第七章 爷爷的"愿望"

纺织、印染技术，让世代衣不遮体的穷苦百姓都能穿上暖和的衣服。这段学习经历也培养了爷爷独特的审美能力。

曾经与爷爷在哈尔滨共事过的姜椿芳回忆说，爷爷曾向他描述过这样的画面：爷爷带领的游击队打着红旗，骑着枣红马，战士们都穿着白羊皮袄，腰里系着红腰带，盒子炮上系着

◆ 河南省立第一工业学校旧址（资料图片）

红缨，队伍行进在皑皑的雪地上……多美啊！即便画成画作、拍成电影，也定是极具美感的画面！

在河南省立第一工业学校的三年求学经历，对爷爷的一生产生了极为重要的影响。在这里，他不仅系统地学习了专业知识，思想认识也发生了质的飞跃。

开封当时是河南省的政治、经济和文化中心。1925年前后，共产党人李大钊、王若飞、萧楚女等先后来到这里，以中州大学为阵地开展革命活动，传播马列主义思想。河南省立第一工业学校与中州大学毗邻，师生群体思想活跃，进步书刊在校园内秘密传播，进步思潮悄然涌动，各类进步组织亦在隐蔽环境中逐步发展。

求学期间，爷爷加入了由李大钊发起的北京大学马克思学说研究会，成为通讯会员。这一经历促使他的理想追求从"工业救国"逐步转向对马克思主义先进理论的系统探索与坚定追寻。

第七章 爷爷的"愿望"

开封历史底蕴深厚，相传抗金名将岳飞的点将台遗址便位于河南省立第一工业学校附近。爷爷自幼就将岳飞作为榜样，据同窗姚建宇回忆，在校期间他们曾多次登临点将台遗址，极目远眺，谈古论今，咏岳飞的《满江红》以抒怀。

怒发冲冠，凭栏处，潇潇雨歇。抬望眼，仰天长啸，壮怀激烈。三十功名尘与土，八千里路云和月。莫等闲，白了少年头，空悲切。

靖康耻，犹未雪。臣子恨，何时灭。驾长车，踏破贺兰山缺。壮志饥餐胡虏肉，笑谈渴饮匈奴血。待从头，收拾旧山河，朝天阙。

爷爷在开封求学期间，中国正经历着剧烈动荡，曹锟贿选总统，第二次直奉战争爆发……当时已十分关注社会问题的爷爷，撰写了一篇题为《战区灾民生还时之感想》的文章，深刻抨击军阀混战导致的民不聊生之状。

偶见一老翁，鬓须俱白，面似魍魉，身披褐衾，足跣而行，若呆若迷。从而问之，俛首不答，又问之，凝目泪下曰：吾祖仕官，九世同居，金积堆山，地连阡陌，以为终身万无冻馁矣。自辛亥义兵崛起，改造共和，更以为荣乐，不意荣乐之地，频为战区，蕴蓄金银输充军需。延至今日，房屋被焚，地无立锥，族家兄弟苗裔摧残净尽，渺渺一躯，落为乞丐，聊以度日。

余闻之后，不禁懔然生悲。夫专制时代，赏戮由一人之喜悦怒，一言之失，祸连诸族，即足惨矣。自共和成立以来，彰然脱离专制痛苦，向自由发展之域，以与历史争光，竟国贼盘居要津，咕喁图谋，攫取人民血汗之金钱，供一己之糜费。开贿法贿选之后径，作狼狈为奸之先河。既无爱国观念，复乌狗人民，愚昧世界潮流，以致全国骚然。尤不知足，反无故开衅，假借共和之面具，作盗跖之行为，使烽火连天，战声交耳，穷兵黩武之风莫此为甚。迴想为国乎，为同胞乎？靡不离心背德，图

第七章 爷爷的"愿望"

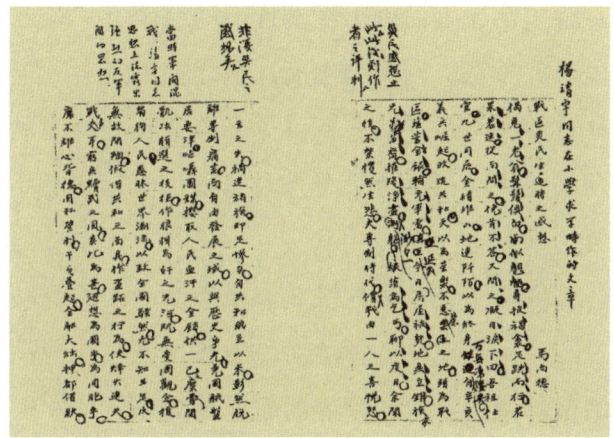

◆ 杨靖宇在开封读书时写的作文《战区灾民生还时之感想》

私营利,干戈叠起,金融大绌,押都借款,使万民感受其荼苦,虽有南山之竹,海冤亦莫可诉噫。呜呼,是翁何辜至耄耋尚遭兵祸切肤之忧,又加旱涝不均,盗贼蜂起,若战争长此不息,则中国土崩瓦解之祸不远矣。①

文章通过与一位行乞老人的对话切入主题,描述中原大地因军阀混战沦为战区后的

---

① 原件存于东北烈士纪念馆。

百姓生活，继而发出忧国忧民的感慨："若战争长此不息，则中国土崩瓦解之祸不远矣。"从这篇四百余字的文章可见，爷爷在开封读书期间关注的已不再是个人与家庭，而是整个社会与国家。

经历了大革命的洗礼、豫南革命的历练以及东北工人运动的锤炼后，爷爷逐渐成长为一名信仰坚定、沉着冷静的职业革命家，率领东北抗联第一路军纵横驰骋于东南满大地，与敌人展开殊死斗争。

一次，"老八号"福间一夫向爷爷提及自己本是学建筑的，理想是在家乡盖高楼让母亲住，却因战争被迫来到了中国。爷爷感慨道："我母亲是给人做衣服的，她做得一手好衣裳，却因守寡不能穿鲜艳的衣服。我曾想设计最美的图案，印染最艳丽的花布给母亲穿，可战争让我不得不放下设计的画笔，拿起枪杆子与侵略者战斗。"这番话展现了两位知识分子对和平的向往。

爷爷与金日成会面时，也谈到了这种美

好的愿景。1938年11月25日,爷爷率东北抗联第一路军军部直属部队抵达濛江南排子(也称南泊子),与金日成所率领的东北抗联第二军会合。这是两人首次见面,彼此相谈甚欢。当金日成得知爷爷年轻时曾在工业学校研习纺织印染专业时,不禁十分惊讶,他在回忆录中写道:"如今的抗联司令当年却学纺织印染,这多有意思啊!他说他学纺织印染,是为了给世世代代穿不暖、过着苦日子的中国同胞做漂亮

◆ 南排子会议遗址(资料图片)

第七章 爷爷的『愿望』

衣服穿。我认为这是阶级意识的表现。为被压迫、被剥削的人民群众闹革命的决心，正是从这种阶级意识出发的。"

若是和平年代，像爷爷这样性子温和细腻、喜爱音乐、擅长吹口琴的印染专业知识分子，定会施展所学，把天下的母亲都打扮得美丽大方。但是，残酷的战争却将他淬炼成了一位铁血柔情的抗日将领。

1938年，程斌叛变后，东北抗联第一路军陷入极端困苦的境地。战士们整日与敌人周旋，昼夜行军，常常食不果腹，只能以野菜、树皮充饥，条件稍好时才能吃些玉米粒。

这年临近八月十五，爷爷想让战士们休整几日，便将队伍带到天桥沟和大小龙爪沟一带驻扎。八月初十这天，他与曹亚范（时任东北抗日联军第一路军第一方面军指挥）一同前往少年铁血队驻地看望小战士。小战士们见到杨司令，像见到亲人般欢呼雀跃，围了上来。爷爷看着这些天真烂漫的小战士，内心也满是欢喜。他问小战士们是否想家，小战士们齐声答道:"革命队伍就是我们的家。"其中一名年纪最小,外号叫"小胖儿"的孩子问道:"杨司令,快到八月节了,咱们怎么过节呀?"爷爷笑着反问:"你们说呢?"这个说要唱歌跳舞,那个说要吃"嚼裹儿"①圆月。看着小战士们期盼的神情,爷爷回到司令部后,便安排警卫连的马连长下山筹备些吃喝,让战士们好好过个八月节,还特意叮嘱务必想办法弄些月饼回来。这可让马连长犯了难。普通食物尚可到老乡家购买,但若不进城是买不到月饼的。爷爷风趣地说:"你们就在路边坐等,准有人送货来。"这话的意思是半路伏击敌人的运输车。当时头道崴子驻有日伪军,逢年过节日本人必然会从集安城运来物资。若能在天桥沟一带截下汽车,月饼自然就有了。

农历八月十二清晨,马连长带领一些战士从天桥沟出发,大家腰间别着镰刀,扮成下地干活的庄稼人。他们来到公路旁的玉米地,

---

①东北方言,指好吃的食品。

◆ 位于吉林桦甸的蒿子湖密营（复建）

挥镰割倒玉米秆，堆成秸秆垛，将一挺机枪藏在里面，做好了截车准备。然而等了两天，始终未见日军车辆的踪影。眼看快到十五了，战士们不禁担心起来，日军的车要是真不来可怎么办？

原来，日本守备队的汽车此前多被东北抗联部队击毁，仅剩一辆以木炭为燃料的汽车，行驶迟缓，从集安到头道崴子需一整天的时间。农历八月十三清晨，这辆运送物资的汽车刚开出集安城东门便抛锚了，修好时已是正

第七章 爷爷的"愿望"

午。日军担心下午出发,天黑前无法抵达,半路遭袭,遂决定次日再走。当汽车行至天桥沟时,早已埋伏在此的抗联战士突然发起攻击,不仅击毙了押车的日本鬼子,还全数截获了车上的物资。

八月十五晚上,爷爷和马连长等人带着月饼来到少年铁血队驻地,与小战士们一同过节。大家把月饼摆到一块干干净净的石板上,又放上小战士们摘来的山葡萄和圆枣子,边赏月边分食月饼。爷爷和马连长还鼓励大家练好杀敌本领,奋起抗日,坚决把日本帝国主义赶出中国,让三千万东北同胞和全国人民都能过上团圆的日子。

1939年1月,东北抗联第一路军在桦甸大砬子、苇河沟、大楞场等地取得大捷,缴获了枪支、弹药、白面等物资。

说到团圆,在中国民俗文化中,最重要的传统节日当属春节。1939年2月18日(农历除夕),应当是爷爷和抗联将士们过的最丰盛、最热闹的一个除夕。爷爷率领东北抗联第一路军总司令部与第二军四师部队,在桦甸老金厂抗联密营共度节日,并举行了春节联欢会。联欢会上,战士们载歌载舞。爷爷发表讲话,祝贺大家在过去一年里取得的斗争胜利,号召同志们在新的一年里继续坚持艰苦斗争,力争再立新功。在少年铁血队里,毕团长为了鼓舞想家的小战士,特意用两块绿色花布做成大耳朵插在头上,反穿一件雪白的大皮袄,还绑了一绺麻线在后腰当尾巴,装扮成"大怪物"。"大怪物"突然从地窨子外冲进来,小战士们"扑棱"一下齐刷刷地迅速爬起来,一看是毕团长在逗趣,顿时哄堂大笑。他们笑着抢上前去,有的拽他胳膊,有的给他画花脸,有的用唾沫给他梳头发……大战士带着小战士变戏法、扭秧歌,尽情疯闹,歌声、笑声在密营中久久回荡。

有吃有喝,阖家团圆,这是爷爷和抗联将士们最简单朴素的愿望。

我在想象这个画面时,正值2023年9月28日,中秋节的前一天。街上人来人往。有人拎

第七章 爷爷的『愿望』

着精美的月饼盒,脚步轻快地赶回家团圆;有人刚采购完物品,准备开启八天假日旅行……每个人脸上都洋溢着阖家团圆的喜悦。我多想穿越时空告诉爷爷,八十多年前你们拼尽全力守护的中国,如今有多美好!国兴家和,月圆人安!这盛世,正如你们所愿!

说到先辈所愿,我又想起了一句掷地有声的抗联标语:

抗联从此过,子孙不断头!

这是一句刻在树上的标语。抗联老战士、中央纪委原常务副书记韩光曾回忆,在树上刻抗日标语是东北抗联第一路军的创举,且首创于濛江。后来,老人家还为《抗联一路军在濛江》一书作序。关于这句树上标语的诞生场景,我听到过两个版本。

一个版本是,标语是由一位叫杨青山的地下交通员刻下的。他每次到抗联密营传递消息

◆ 现存于东北抗联纪念馆的标语树

时，总会坐下来和抗联战士们学习认字、写字。一次，日军"讨伐队"进山，枪声从抗联密营的相反方向传来。原来这位地下交通员巧妙地在西边的树上刻了许多抗日标语，想将敌人引向相反的方向。果然，敌人发现后立刻集结，一边开枪一边往西追击。其中一条标语刻的就是"抗联从此过，子孙不断头！'"

另一个版本来自抗联交通员沈志山的回忆。他说，爷爷牺牲后，他去濛江（今吉林省靖宇县）龙湾沿给李连长的部队传信。李连长

◆ 现存于东北抗联纪念馆的标语树

闻讯号啕痛哭,哭完后愤恨地说:"杨司令不能白死,弟兄们的血也不能白流!小日本想用杨司令的死吓住咱们,没门!只要日本鬼子在中国赖一天,老子就和他们拼一天;赖一年,咱们就拼一年,豁上这条命跟小鬼子干!死就死在这里,给杨司令做伴!"沈志山见过李连长的练兵场,距离密营较远。自打爷爷牺牲后,李连长的兵练得更勤了,练兵、习武、学文化,样样都超过从前,因此在练兵场周围的大树上留下许多字迹。1940年春天,李连长接到护送小部队过境去苏联的任务,临行前,他把大伙儿领到练兵场一棵刻有"抗联从此过,子孙不断头"标语的树前,掏出匕首又照样刻了一遍。刻完后,他亲自教战士们念,要求他们哭着念、大声念、喊着念。念完又刻,刻完再念。随着哭声、喊声,那标语越刻越深,歌声越传越远……

"抗联从此过,子孙不断头!"这是爷爷和抗联将士们立下的铮铮誓言,体现了他们对

第七章　爷爷的『愿望』

◆ 抗联战士在树上刻写的"抗联从此过，子孙不断头"

胜利的坚定信念。在日本侵略者的铁蹄践踏东北大地的岁月里，在中华民族面临生死存亡的"最危险的时候"，这誓言为中华民族注入了团结抗战的精神力量，播撒下坚韧不屈的希望火种，铸就了生生不息的伟大民族忠魂。

第八章 爷爷牺牲前的一百余天

第八章 爷爷牺牲前的一百余天

在东北那片被冰雪与战火笼罩的林海雪原上,爷爷走完了生命中最壮烈、最震撼人心的一百余天。寒风如刀,日寇似狼,爷爷孤立无援,却从未有过一丝退缩。他在冰天雪地中与敌周旋,每一步都踏在生死边缘,每一次战斗都要倾尽全部力量。在这最后的一百余天里,饥饿、严寒、伤痛如影随形,可爷爷心中的信念之火却从未熄灭。

从1939年11月9日至1940年2月23日牺牲前的百余天里,爷爷率部与日伪军警展开了殊死较量。凭借灵活的游击战术和斗争智慧,东北抗联多次突破围堵、化解危机,在保存实力的同时最大限度地打击敌人。

然而,日本侵略者为了彻底"剿灭"抗联,使用了一系列残酷的手段。他们将山林周边的房屋全部烧毁,把老百姓强行驱赶到被称为"人圈"的集团部落集中管理。集团部落四周建有围墙、堑壕或铁丝网,四角设岗楼,进

出口由日伪军警严密把守。"人圈"中的百姓毫无自由：日伪军发放印有指纹的居民证，设"游动稽查队"核对身份；实行"保甲连坐

◆ 日伪"集团部落"

制",若一户为抗联提供物资,不仅全家将遭处决,而且会牵连全村。据统计,截至1938年,日伪当局在东北抗联第一路军活动的南满地区,已建成千余个集团部落。

除此之外,日伪还在通化、柳河、金川、辉南、濛江、抚松、长白、临江、辑(集)安等县,修筑"警备道路"数百公里,架设"警备电话线"数百公里。一旦发现抗联踪迹,机动部队可以迅速抵达"讨伐"现场。

这一系列严密的封锁,几乎切断了抗联部队与百姓的联系。据抗联老兵回忆,那时日本侦察机在天上侦察,发现生火冒烟的地方,马上就派日伪军"讨伐"。为了不因生火而被敌人发现,抗联战士无比聪明,他们把空心老树当作烟囱,烟从树梢散出,如烟雾一样散去,敌机就很难发现。有时,他们还会将烟排到冰面下的河里,烟气随河水流到下游,敌人就发现不了。桦甸的蒿子湖密营遗址至今还有一棵被烟熏得发黑的老树。在最新挖掘出的红石砬子抗联遗物中,既有炊具、农具,也有兵器、缝纫机,这些物品充分反映了抗联战士为革命胜利自力更生、竭尽所能的智慧和勇气。在那个最为艰难的阶段，东北抗日联军游击根据地的发展遭遇了巨大的挑战。

1940年1月，数九寒天，抗联战士的处境愈发艰难。据气象资料记载，当年冬季濛江的最低温度达零下四十二摄氏度。日伪资料中将东北抗联第一路军活动的吉林地区称为

◆ 位于吉林桦甸的蒿子湖密营（复建）

第八章 爷爷牺牲前的一百余天

"交通不便,地势险恶的森林地带"①。据抗联老战士回忆,在长期游击作战中,他们几乎没有机会住在房子里。雪地行军时,他们常穿着露窟窿的衣服,夜晚只能在野外露营,每次睡眠时间不能超过三十分钟,稍有疏忽就会被冻死。在这种极限生存挑战下,爷爷率领的队伍也从三千余人锐减至四百余人。

日伪军通过"人海战术"基本锁定了爷爷所率部队的位置,随后频繁展开"讨伐"。当时,由于叛徒告密,爷爷的密营几乎全被摧毁,加上密集的"讨伐",一些人信念动摇,随时有可能叛变,甚至出卖爷爷。据抗联老战士讲,爷爷睡觉时手里都拿着枪,每睡上个把钟头就换一个地方。爷爷当年受的苦是后人无法想象和体会的。爷爷面对的不仅是极其严酷的自然环境,更是装备精良、穷凶极恶的敌人。这些日伪军武装到了牙齿,不仅配备枪械、迫击炮,还动用了无线电定位和飞机侦

---

① 吉林省档案馆、中共吉林省委党史研究室、东北沦陷十四年史总编室:《关东军文件集》,吉林大学出版社,1995年版,第431页。

告示

查红军匪首杨靖宇迭被我军痛击 现已负伤 或至死亡 本军管区为期拿获 並唤起民众注意起见 特悬赏额如左 仰一般民众 切勿坐失良机 務須矢除元兇 以受上赏可也 切切此示

賞額

一、有能將楊匪拿獲而送交滿軍或地方官憲者 賞給國幣五百元（不拘團體或個人）

二、有能密告楊匪養傷地點或死亡軍或地方官憲而得以逮捕者 賞給國幣二百元（不拘團體或個人）

三、有能探知楊匪果敢何處死亡並尸體隱匿何處而密告滿軍或地方官憲確屬實在者 賞給國幣一百元（不拘團體或個人）

康德三年五月　　日

第一軍管区司令官 于琛澂

◆ 日伪当局发布缉拿杨靖宇的悬赏告示

察，使得抗联行踪极易暴露，作战难度陡增。面对铁壁合围，战局很难扭转。有人建议转移到苏联境内休整或撤入长白山密林中隐蔽一段

第八章 爷爷牺牲前的一百余天

◆ 日伪快速"讨伐"队

◆ 日伪特搜指纹班

时间，等敌人的"讨伐"风声过了再说。在生与死、坚守与撤离的抉择面前，爷爷毅然放弃了转移到苏联的机会，坚守东北战场，与敌人血战到底，直至生命的最后一刻。

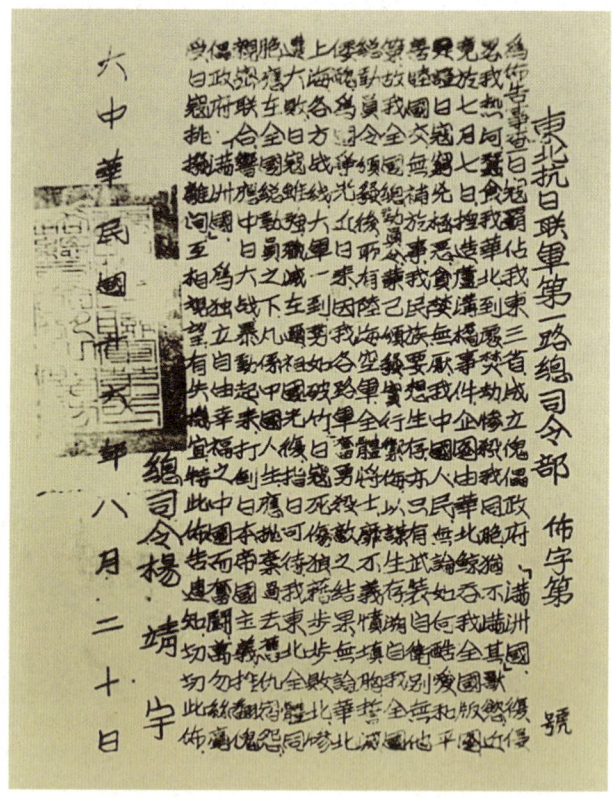

◆ 杨靖宇签发的《东北抗日联军第一路总司令部布告》

第八章 爷爷牺牲前的一百余天

即便身陷重围,粮食几近断绝,爷爷及所率抗联将士的战斗意志仍如钢铁般不可摧毁。1939年11月,在生死存亡之际,爷爷以东北抗联第一路军总司令部的名义发布《为世界大乱群起救国告东北同胞书》,这份宣言成为他生命中最悲壮的呐喊。

东北四省四千万同胞:

东北抗日联军为了锦绣中华、祖国的独立和领土完整,为了伟大中华民族之解放和人权自主,曾饱尝风雪、奋不顾身与日贼血战八年。虽尚未完全达到驱逐日贼滚出东北的志愿,但与全国,各方抗日战线互相呼应,使日贼陷于手忙脚乱,进退维谷的穷途……

同胞们!我们的敌人日本帝国主义虽穷凶极恶,但外而因与英美法利害上的对立,强盗式的日德意反共统一战线失败,中日战争大遭歼灭,内而因国穷民乏,壮丁强制征兵殆尽,革命蜂起,党派横争,内阁异动,反复无常,暴露其孤立无遗,威信扫地,统治动摇,危机四伏……

　　同胞们！日贼是亚洲挑战的祸首，贪得无厌的恶兽，我们中国人民的死敌……全国统一励精图治，教养兼施，复有巩固的同盟国苏联多方援助，势力增大，团结力加强，英勇杀敌，光复我五千余年之大国，雪洗我中华民族的奇耻大辱当在不远。

　　同胞们！"自由幸福"是从斗争中得来的，试问日贼统治我们八年以来明为"国破家亡"，谬以"王道乐土"，实为"妻离子散"，巧说"共存、共荣"种种欺骗手段，除甘心认贼作父，衣冠禽兽者外，虽三尺玩童亦应怒发冲天，灭此朝食……

　　同胞们！时机到啦！……为建成独立自由、幸福的中国而奋斗，故热诚号召本以下的口号紧急动员：

　　东北四千万同胞乘世界战乱崛起联合暴动起来！

　　响应全国抗日大军总攻击的壮举，歼灭日贼的后路！

第八章 爷爷牺牲前的一百余天

驱逐日贼滚出中国去！推翻傀儡政府"满洲国"！

为收复东北失地而战！

为解放奴隶痛苦而战！

为独立自由幸福的中国而战！

为伟大中华民族永远解放而战！

东北抗日联军第一路军全体指挥员战斗员同启

中华民国二十八年十一月①

一篇《为世界大乱群起救国告东北同胞书》，仅千余字，却字字千钧。爷爷和抗联将士们用实际行动践行了铮铮誓言。在牺牲前的一百余天里，爷爷带领抗联将士与日伪军展开战斗，密林上空日夜回荡着枪声。这些战斗过程大致可分为三个阶段。

---

① 邓来法、贾英豪：《杨靖宇纪念文集》，中央文献出版社，2005年版，第94—95页。本书为节选。

我的爷爷 杨靖宇

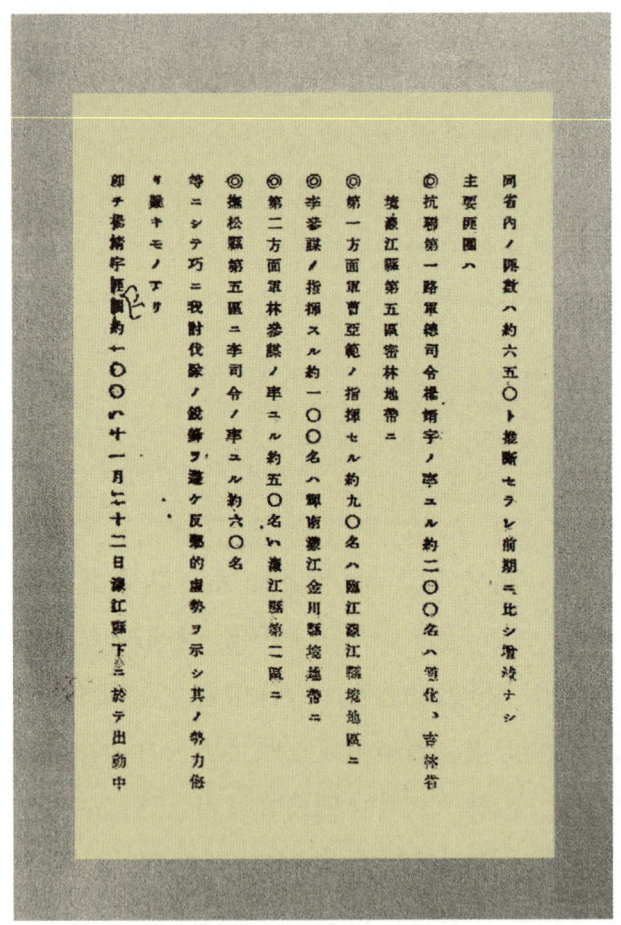

◆ 1939年通化独立宪兵分队《思想对策月报》（11月）

第八章 爷爷牺牲前的一百余天

第一阶段：主动出击（1939年11月9日—1940年1月1日）

这一时期，爷爷率部与日寇进行了八次战斗，多次重创"讨伐队"。据日军通化独立宪兵分队1939年11月22日《思想对策月报》记载，伪满军一部约千人在濛江小西头与爷爷率领的抗联百余人激战四小时。在爷爷牺牲前的一百余天里，这是日伪投入兵力最多的一次战斗。

据日军"野副讨伐队"司令部《讨伐旬报》记载，日伪军在这一阶段投入的兵力包括步兵、骑兵及伪满军、伪警察等共计两万余人，日军配备九架飞机协同作战。日军采取"篦梳山林"①与"狗蝇子战术"②相结合的策略。前者通过高密度"搜剿"压缩抗联活动空间，后者则在发现踪迹后实施全天候追击，企图断绝抗联休整的机会。在日军这种"立体封锁+持续追击"的攻势下，东北抗联部队因兵力、装备与其对比悬殊，被迫从主动游击逐步转

---

①即拉网式山林搜索战术。
②即发现目标后便如狗头苍蝇般紧盯不放的战术。

为积极防御，最终因补给断绝、减员严重而陷入被动防御。

第二阶段：防御突围（1940年1月1日—1940年2月1日）

此阶段，日伪军投入大量兵力"围剿"，而爷爷所部因连续作战及严寒减员，从四百余人锐减至二百余人。双方兵力悬殊，抗联处境日益艰难。

1月9日，部队于8时30分与敌军遭遇，持续缠斗至17时30分，随后又激战约一小时，全天作战近十小时，为该阶段单日交战时长之最，战士们没有片刻喘息的机会。

1月28日马屁股山遭遇战尤为惨烈：爷爷率部先后与伪通化省警务厅"讨伐队"下属的程斌大队、曲焕文大队、申麟书大队交战。日军出动"小黑机"①实施空地协同作战，对密集山林进行俯冲扫射，爷爷所部损失惨重。据日军《思想对策月报》记载："杨靖宇部队遗弃尸体十具，被俘三人，估计有大批人员负伤。"

---

①即日军小黑少尉驾驶的飞机。

第八章 爷爷牺牲前的一百余天

据爷爷的警卫员王传圣回忆，那次战斗机枪连仅剩下十二挺机枪，人员伤亡惨重。

至1月31日，爷爷率部退至濛江县东双丫沟，经阻击战后，仅余抗联司令部特卫排、少年铁血队、机枪连共六十余人。2月1日，特卫排排长张秀峰携带枪支、秘密文件投敌叛变，暴露了爷爷和部队的行踪，致使本已处于极端危险境地的爷爷和部队雪上加霜，这是最致命的一击。张秀峰是个孤儿，性格孤僻，长大后参加了爷爷所在的部队。爷爷看他可怜，把他留在身边，像对待孩子一样照顾他，还让他当

◆ 马屁股山战迹地遗址

警卫员，可他恩将仇报，经不住革命的考验，叛变投敌。

第三阶段：孤军浴血，壮烈殉国（1940年2月1日—1940年2月23日）

这个阶段，爷爷带领二十余名战士，在日伪军组成的"讨伐"网里东征西战、浴血苦斗。仅2月1日至10日，十天时间里，双方交战达十二次。其中，2月7日（除夕）当天交战三次。这一天，爷爷遭到叛徒程斌"讨伐队"的攻击，突围后身边仅剩十五名战士，爷爷还不

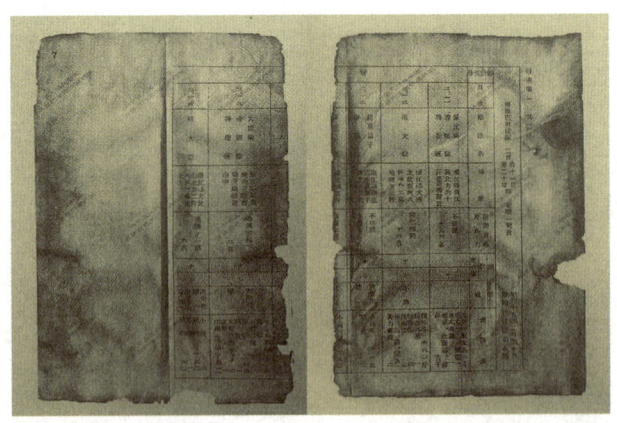

◆ 1940年《讨伐旬报》（第十四号）所记载的2月11日至20日期间的交战情况

第八章 爷爷牺牲前的一百余天

幸患上重感冒。根据日军"野副讨伐队"司令部1940年2月11日至20日的《讨伐旬报》记载，日军缴获的战利品中有高粱、玉米、防寒外套等生活必需品，还有大量武器装备。此时，爷爷的部队已基本断绝补给，枪支弹药也所剩无几。

2月15日，叛徒程斌率六百余人前来"讨伐"。据日伪资料记载，战斗中爷爷左臂中枪，仍顽强地冲入密林深处。另据日军通化独立宪兵分队《思想对策月报》记载，2月16日，爷爷及所率抗联战士仅余六人。日军通过飞机侦察锁定他们的行踪后，程斌率伪警察大队发起攻击，双方激战三小时。在寡不敌众的情况下，爷爷带领战士们坚持战斗三小时，尽显抗联铁军血战到底的意志。

2月18日，爷爷身边仅剩的两名警卫员聂东华、朱文范外出筹粮，不幸牺牲。这两名警卫员的牺牲，使爷爷陷入孤身奋战的绝境。有人会想，这两个人走到这个境地，为什么不投敌？为什么不把爷爷交给日伪军邀功？我想，是他们对革命理想的坚定信念，使他们宁愿牺

◆ 杨靖宇牺牲前一天住过的地窝棚

牲也不背叛,是他们誓死守护爷爷的忠诚,使他们毫不动摇。或许,是爷爷的人格魅力进一步坚定了他们的信念,而这正是革命者的精神所在。敌人从两人的遗体上搜出印章一枚、口琴一把、手枪四支,据此判定爷爷藏身于大东沟区域,随即调集重兵展开定点搜捕。此时的爷爷孤身一人,在重感冒、高烧、左臂枪伤溃烂、断粮多日的情况下,靠吞咽棉絮和积雪充饥,与敌周旋五个昼夜。

第八章 爷爷牺牲前的一百余天

2月22日,农历正月十五,爷爷在一处破旧的锅子中度过了人生的最后一夜。次日清晨,保安村四名村民——伪牌长赵廷喜及村民孙长春、辛顺礼和迟德顺上山砍柴时,发现窝棚内躺着一位面容憔悴、满脸胡须的大个子男子。这个人就是我的爷爷杨靖宇。当时赵廷喜他们以为碰见土匪了,不敢进去。这时爷爷跟他们讲:"老乡,不要怕,我是抗联的,好几天没吃饭了,能否找点吃的?"赵廷喜推诿道:"现在上山砍柴,日本人都不允许带饭了,我们身上也没有干粮。"爷爷掏出钱请求他们帮忙买些粮食和衣物,赵廷喜接过钱后,却劝降道:"投降吧,现在'满洲国'不杀俘虏。"爷爷反问道:"如果中国人都投降了,还有中国吗?"这四个人听了之后,满脸羞愧,哑口无言,答应回村子帮他弄点吃的和棉衣。四个人快走到村口时,碰到了特务头子李正新(赵廷喜的连襟)。赵廷喜胆子小,就把在山里遇到爷爷的情况详细地告知了李正新。消息经伪警察系统层层上报至伪通化省警务厅厅长岸谷隆一郎。他们判定此人可能就是令他们闻风丧

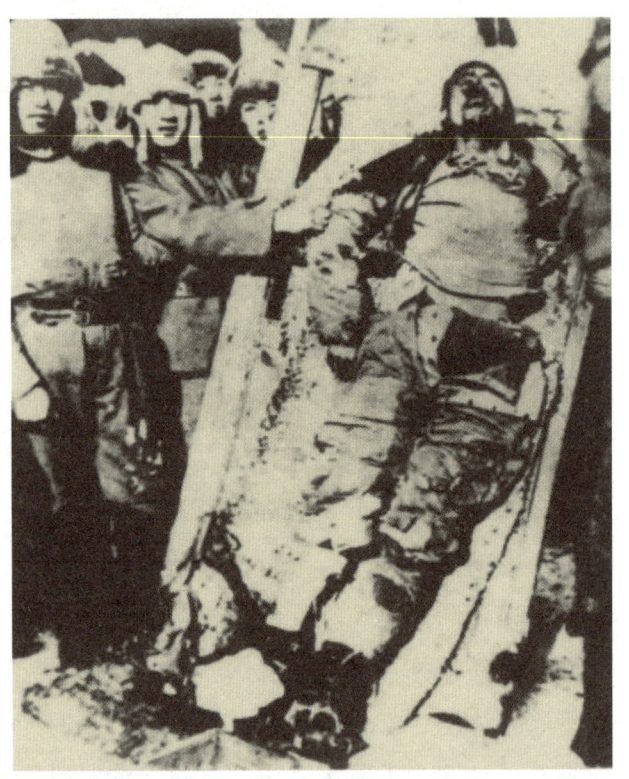

◆ 这张照片是杨靖宇将军牺牲后由日本人拍摄的，周围的日伪兵在炫耀，他们用门板放置将军的遗体。门板一般长一米八，将军的腿长出门板一大截，足见将军身高一米九以上。左二为张奚若

胆的杨靖宇。

当日 16 时许，日伪"讨伐队"锁定位置，伪警察队警佐西谷喜代人率部扑向地饯子。

第八章 爷爷牺牲前的一百余天

爷爷强忍饥饿和伤病,手持双枪奋勇还击,且战且退至老恶河旁。敌人围拢后喊话劝降,回应他们的只有枪声。当爷爷背倚一棵大树向敌人打了一梭子子弹,并准备起身奔入树林深处时,抗联叛徒张奚若用机枪击中了爷爷的胸膛。1940年2月23日16时30分,爷爷身中数弹,壮烈牺牲,时年三十五岁。

在事后的"庆功会"上,叛徒张奚若炫耀"战功"时,遭到了唾弃。一些良知尚存的伪军虽助纣为虐,却也耻于其卖国求荣的行径。这些人以喝多了撒酒疯为借口,在张奚若面前摔杯砸碗,表露不满,以致张奚若此后再不敢鼓吹自己的这个"功绩"。

1940年3月6日,伪满通化省警务厅《关于枪杀杨靖宇经过情况的报告》(通省警特密第1167号)记载:"本部人员二十一名,15时10分从本部出发,由送来情报的保安村居民赵廷喜做向导,沿着三道濛江河,向七四三高地以西急进。前进约两公里处发现山中小房……匪贼(按:指杨靖宇)见'讨伐队'到来,利用密林巧妙应战并逃避。'讨伐队'占据有利地形,两队协力交战约二十分钟,经左右夹击,于490高地将其枪杀,时间为16时30分。其间数次缓攻劝降,然其毫无降意,双手持毛瑟一号手枪与柯尔特二号手枪顽强抵抗,不得已予以猛烈攻击。从相貌等判断为杨靖宇,遂收尸运回濛江县城。"

　　这里敌人所说的,在现场"从相貌等"进行辨认的,是曾担任东北抗联第一路军司令部特卫排长的张秀峰。当时,敌人虽然目睹爷爷中弹倒下了,却不敢近前。岸谷隆一郎紧急派车将抗联叛徒张秀峰拉到现场进行辨认。张秀峰到大树下一看,遗体正是杨靖宇,他当时眼泪就止不住了。日本人连番追问"是不是杨匪",张秀峰说不出话,唯有含泪点头。这时候日本人高兴了,全都从雪地上蹦起来。随后,日本人把地戗子的门板拆下来,把爷爷的遗体放在上面,再用爬犁①拉着往回走。据张秀峰回忆,因为爷爷身材高大,他的两条腿还悬在门板外,在雪地上拖出两道深深的雪印。

---

① 指雪橇。

第八章 爷爷牺牲前的一百余天

◆《杨靖宇将军殉国》油画 王铁牛作

然而在这份报告当中，敌人讳莫如深，没有提及的是，当时追捕爷爷的是日军警佐西谷喜代人，其下属共二十一人，在短短二十多分钟的枪战中，有七人被爷爷击毙。①在最后时刻，西谷喜代人还称呼爷爷为"杨司令"，始终对他保持着由衷的尊敬。

爷爷在生命的最后一百余天里，虽未留下豪言壮语，却以誓死不降、战斗到最后一刻的壮烈姿态，诠释了东北抗联"忠诚于党的坚定信念，勇赴国难的民族大义，血战到底的英雄气概"的精神内涵。他用鲜血和生命向世界宣告：只要东北抗联在，抗日的旗帜就在，抗日的烽火就永不会熄灭！东北的山河，永远属于中国人民！中国人民为民族解放、国家独立而燃烧的意志，任何敌人都无法摧毁！

在爷爷牺牲之后，伪通化省警务厅厅长岸谷隆一郎想不明白，在断绝物资给养的情况下，究竟是什么力量支撑着爷爷在像铁桶一样

---

① 吉林省政协文史资料委员会：《东北的沦陷与抗战1931—1945（第三卷 军事）》，吉林人民出版社，2014年版，第261页。

◆ 杨靖宇将军殉国地

的包围圈里坚持了这么长时间。于是，岸谷隆一郎下令对遗体进行解剖，想看看爷爷肚子里到底有什么。后来，他又命令伪军用铡刀将爷爷的头颅铡下，放入木箱送到伪满洲国的"首都""新京"（长春）邀功请赏。当时给爷爷做化验的医生是一位中国人，党史工作者曾在20世纪80年代到哈尔滨采访过他。据这位医生回忆："日本'讨伐'司令部派了几个日本兵用托盘端来一些东西让我化验，我一看，是人的胃，看样子是因为长期饥饿，导致胃部严重萎缩变形，都皱成一团了。更让我吃惊的是胃里面竟然一粒粮食也没有，只有草根和棉絮，有的棉絮明显是刚吃进去的，一团一团的还没变样呢"。当得知这是杨靖宇的胃时，这位医生回忆说："我当时眼泪止不住地往下掉。"古往今来英雄辈出，多么悲壮的牺牲场面都有，可爷爷吃草根、吞棉絮这种活法恐怕在世界上也找不出第二个。岸谷隆一郎得知这个情况后深受震撼，沉默了良久，他向爷爷的遗体敬了一个庄重的军礼，对他的顽强意志表达了敬畏。

第八章 爷爷牺牲前的一百余天

2020年,习近平总书记考察吉林时指出:"抗日战争时期,在极其恶劣的条件下,杨靖宇将军领导抗日武装冒着零下四十摄氏度的严寒,同数倍于己的敌人浴血奋战,牺牲时胃里全是枯草、树皮、棉絮,没有一粒粮食,其事迹震撼人心。"①冰天雪地之中,四面合围之下,爷爷用不屈的血性和宝贵的生命,彰显了中华民族与敌

◆ 中共中央、国务院及毛泽东、刘少奇、周恩来、朱德等党和国家领导人敬献的花圈

---

① 习近平:《论中国共产党历史》,中央文献出版社,2021年版,第160页。

223

◆ 1958年2月23日，中共中央在吉林省通化市为杨靖宇将军举行公祭安葬大会

人血战到底的气概！

习近平总书记深刻指出："近代以来，中国人民为争取民族独立和解放进行的一系列抗争，就是中华民族觉醒的历史进程，就是中华民族精神升华的历史进程。这种民族觉醒和民族精神升华，在抗日战争时期达到了全新的高度。"[1] 这一伟大的民族觉醒，极大地推

---

[1] 习近平：在纪念中国人民抗日战争暨世界反法西斯战争胜利69周年座谈会上的讲话，《人民日报》，2014年9月4日，第2版。

第八章 爷爷牺牲前的一百余天

动了抗战的历史进程，为最终胜利奠定了坚实的精神基础。1958年，在爷爷殉国十八周年之际，党和国家在吉林通化杨靖宇烈士陵园隆重举行了公祭安葬大会。中共中央在悼词中，高度评价了以爷爷为代表的抗联将士们铸就的伟大精神："中国民族解放和人民革命的胜利是中国人民长期奋斗的结果……东北抗日联军当时面对着中国最凶恶的敌人——日本侵略者，处境虽然十分困难，但是他们不屈不挠的斗争到底，充分地表现了中国人民和中国民族在任何敌人面前，在任何困难面前绝不低头的伟大精神。"[1]

我的爷爷身躯伟岸、意志如钢，在牺牲前的一百余天的战斗中，他以非凡的勇气和顽强的意志，让日本侵略者见识到了中华民族不屈的脊梁。这一百余天的战斗，不仅是爷爷个人生命谱写的壮丽绝唱，更是全体东北抗联将士以热血铸就的不朽的抗争史诗。

---

[1] 邓来法、贾英豪：《杨靖宇纪念文集》，中央文献出版社，2005年版，第3页。

第九章 爷爷的遗物

第九章 爷爷的遗物

每次想起爷爷牺牲的场景，我都心痛不已。爷爷牺牲后留有手枪、子弹、钢笔、笔记本等遗物。这些看似平凡的物件，曾伴他出生入死，见证了爷爷浴血奋战的岁月，也承载着他的信念与忠魂。

据敌伪材料《通化省史话》和《东边道》记载，爷爷牺牲后，敌人从他身上搜出了毛瑟手枪一支，子弹一百六十发；柯尔特二号手枪一支，子弹三十发；柯尔特三号手枪一支，子弹四十发；现金六千六百六十元。此外还有手册（笔记本）四本，怀表一块，钢笔两支，铅笔一支，宣传文稿一份。吉林省革命博物馆所藏伪通化省警务厅日军"讨伐队"《阵中日记》中的记录，与《通化省史话》《东边道》中的记录一致。但遗憾的是，爷爷遗物中的毛瑟手枪、柯尔特二号手枪和柯尔特三号手枪以及子弹，现下落不明。

吉林省博物院存有这几件武器的照片，

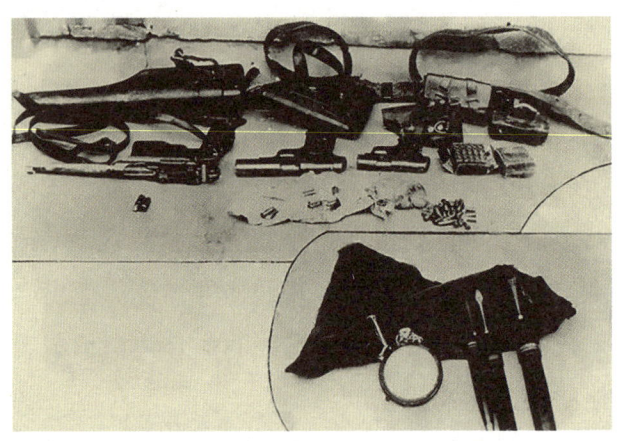

◆ 1940年2月23日，杨靖宇牺牲时的遗物照片
（吉林省博物院藏）

这张照片经当年爷爷的警卫员确认，其中的武器确系爷爷当年随身携带并使用的。这几把手枪，伴随爷爷直到他生命的最后一刻，枪身布满战斗痕迹，它们不仅是爷爷打击敌人的有力武器，更是他宁死不屈捍卫民族尊严、守护老百姓的见证。照片中一共有三支枪，最好的要数那支毛瑟手枪。这支枪是1935年爷爷在抚顺活动时，当地山林队首领朱海乐送给他的。

朱海乐是贫苦农民出身，迫于生计带领一百五十余人组建了山林队，专门杀富济贫。爷爷

第九章 爷爷的遗物

了解情况后,主动要求和朱海乐见面,向他宣传联合抗日的思想。当时爷爷非常诙谐地说:"你姓朱,我姓杨,'猪羊'一圈,日本人来了一定会'杀猪宰羊'。如果我们团结起来,拧成一股绳,就能战胜日本侵略者。"说着拿出两支步枪赠予朱海乐,鼓励他一起抗日。朱海乐收到步枪后非常感动,说:"杨军长,我用的是大镜面匣子,打起来百发百中,是我的心爱之物,今天我送给您,表达我抗日的心意,请您收下。"因为这支手枪太过贵重,爷爷不肯收,但在朱海乐的一再坚持下,爷爷说:"我收下这支枪,它是你坚决抗日的信物,从此也代表我杨靖宇和你朱海乐结为革命同志和抗日先锋,同心抗日至死不渝。"自此,这支手枪便一直跟随爷爷,两人换枪联合抗日的佳话在南满地区广为流传。

柯尔特二号手枪是1937年7月26日,爷爷在南满抗日联合军第四师驻地狗奶甸子部署第三次西征时,第一军第三师政委周建华送给他的。第三次西征会议结束后,周建华把在七道河子伏击战中从冈田少佐处缴获的一支柯尔特二号手枪送给爷爷防身。这支柯尔特二号手枪也一直伴随在爷爷身边。当时到会的还有第一军第三师、第四师的领导王仁斋、阚子祥、田麟、杨俊恒等人。

柯尔特三号手枪是爷爷于1935年5月22日与倪永林在通化和兴京（今辽宁新宾）之间的岗山岭与敌人遭遇时缴获的。当时，爷爷用望远镜发现远处有三辆敌人的运兵车行驶过来，车上分别载有十七名、十三名和九名日军。随即，爷爷让战士们做好战斗准备。在敌人汽车沿盘山路下行到第四道弯时，战士们用手榴弹向敌人汽车发起攻击，击毙日军十三人，俘虏二十余人，缴获两挺机枪和三十支步枪。战士们从车底揪出一名日本军官，从其身上搜出了这支精美的小手枪。战士们都说这支手枪非常好，提议送给爷爷，于是由许连长代表大家把它送给了爷爷。

现金应该是1939年4月7日，爷爷率领抗联战士攻下军事重镇大蒲柴河村时缴获的。作此推断的依据是，此次战斗是距离爷爷牺牲时间最近且缴获金额较大的一次，此后再没有缴获大笔现金的记载。当时，除缴获了八万元①现金外，还缴获了敌人的大量枪支弹药。这些战利品大大改善了部队的生活状况，抗联战士们可以用这些现金与百姓交换物资。

手枪、钢笔、怀表被誉为革命的"三件宝"。怀表是1933年4月吉海铁路（吉林市至海龙县）的工人送给爷爷的。当时，爷爷为发展南满抗日武装，与吉海铁路工人自卫队来往密切，自卫队就送给他这块怀表作为纪念。后来在战斗中也多次缴获日军的手表，但爷爷对这块怀表情有独钟。这块怀表不仅象征着他与吉海铁路工人的革命情谊，还因为铁路用表走时精准、质量可靠，更利于行军打仗。爷爷在指挥红石砬子保卫战时，就是用这块怀表确定时间的。

钢笔是爷爷随身携带的物品。爷爷早在哈尔滨从事地下工作时就有钢笔，到南满巡视时也从不离身。1933年12月2日，爷爷给中共满洲省委写报告用的就是钢笔，署名乃超。据爷

---

① 1939年东北地区流通货币主要为伪满洲国货币。

爷的警卫员王传圣回忆，1938年8月9日，爷爷派他去少年铁血队赴任时，掏出两支钢笔说："你跟了我一回，军里讨论让你去独当一面，送你一支笔，你自己选吧，哪支都行，留着打仗、学习用。"历经战火硝烟，爷爷遗留下来的这支笔早已斑驳磨损，却见证了爷爷一生中无数重要的时刻。

铅笔是从敌人手里缴获来的三色铅笔，带有笔帽和笔夹，笔尖是金属包尖的，跟现在的圆珠笔差不多。1937年7月，爷爷就开始用这种三色铅笔批阅文件、绘图和写作了。直到1940年2月8日，爷爷在密营中听取东北抗联第二路军总指挥周保中派来的交通员老李的汇报时，还用这支铅笔做记录。这种铅笔不用装墨水，不怕冻，冬季行军使用起来比钢笔更便捷。这支笔曾记录过作战计划，写下过振奋人心的宣言（1936年11月15日，《救国时报》刊登的爷爷以东北抗日联军第一军总司令的名义向报纸捐款的信就是用铅笔写的），笔尖最后留下的是爷爷对革命必胜的坚定信念。

第九章 爷爷的遗物

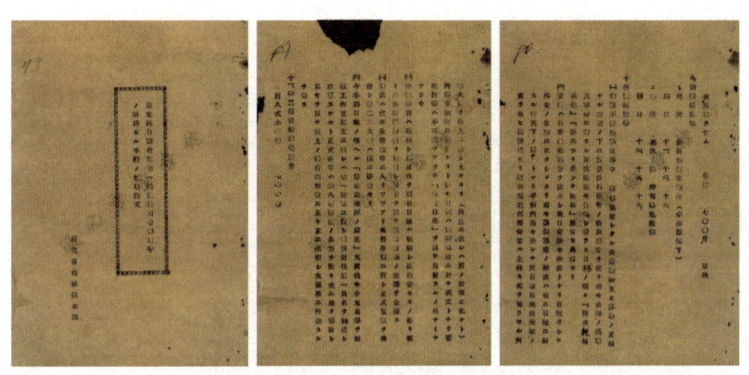

◆ 1940年3月16日杨靖宇笔记本日文翻译档案
（现存于吉林省通化市档案馆）

笔记本是爷爷从敌人手中缴获来的，写笔记也是爷爷战斗生活的一个重要组成部分。爷爷牺牲时，一直把这四个笔记本带在身上。笔记本原件已下落不明，但吉林省通化市档案馆却保存有一份编号为"通省警特秘第一五三七号"的日伪档案。这是1940年3月16日伪通化省警务厅厅长岸谷隆一郎发给柳河县警务科科长的爷爷笔记本译文，十二页译文，十一个要项，字字千钧，清晰呈现了爷爷牺牲前数月的思考轨迹。

爷爷在笔记里详尽分析了时局与国际形势，并逐条记录了《苏德互不侵犯条约》，研判战局走向。特别是他严谨设定了部队联络的暗号、旗帜、时间、地点，精确统计了兵力、战斗损失、伤员情况及紧缺的装备、弹药、冬装和粮食，以及特务队冬季工作计划部署。

笔记本落入敌手之后，其内容被紧急译成日文，成为日伪军"讨伐"抗联的情报。在伪满政权覆灭前的大规模焚档浩劫中，这份记录奇迹般地夹藏于伪柳河县警察工资表、请假条等残余材料中得以幸存。这份笔记写满了爷爷的国际视野和战略眼光，也映照出他在困境中的智慧与坚韧，它见证了爷爷胸怀家国、放眼世界的情怀，更将东北抗联在绝境中坚守、在斗争中奋进的精神化为可以触摸的印记，具有不可估量的历史价值。

遗物里的文稿，应该是他为鼓动反"讨伐"宣传而写下的。爷爷十分重视部队的宣传教育工作，在战斗间隙写下了许多战斗宣传文稿。这些文稿再现了爷爷带领抗联战士与敌人浴血奋战的峥嵘岁月，彰显了爷爷对革命事业的忠贞和坚定，也体现出他作为领导者的远见卓识和文化素养。

1929年,爷爷受中共中央派遣到东北工作,先后两次被捕入狱。直到1931年九一八事变后,他才经党组织营救出狱。出狱后,爷爷先后担任东北民众抗日救国总会会长、哈尔滨市道外区委书记等职务。爷爷经常深入学校和农村开展抗日宣传活动,动员群众积极参加抗日斗争。1932年5月,省委决定撤销道外、道里两区委,正式成立中共哈尔滨市委,由爷爷任书记,并兼任满洲省委候补委员。

爷爷任哈尔滨市委书记期间,日寇特务机关千方百计地破坏中共领导机关,四处搜捕、通缉共产党员,并在重要路口设卡盘查。爷爷经常穿着那件灰色大褂,往来于哈尔滨的街道、工厂、乡村、学校,机智沉着地躲过伪警察、特务、宪兵的盘查,积极开展抗日活动,发动群众投入反日斗争。有一次,爷爷从哈尔滨郊区返回机关,途中碰上日伪警察对行人进行搜查。当时爷爷穿着的大褂兜里正揣着一份秘密文件,想要掉头返回已经来不及了。爷爷稍微调整了一下情绪，趁敌人不备将文件塞入袖口，迈着稳健的步伐朝检查站走去，镇定自若地解开衣襟让敌人检查，成功躲过了搜查。

除了上述遗物之外，在哈尔滨东北烈士纪念馆还陈列着爷爷的另外两件遗物，分别是爷爷1931年至1933年在哈尔滨进行抗日活动时穿过的大褂和用过的褥子。大褂是灰色毛哔叽料，长一米二，缝有几块小补丁。褥子是灰色布料，长一米五七，宽八十厘米，褥里是白布，褥面四周镶黑边，褥面有几处裂口。大褂和褥子都破旧不堪，那些补丁是岁月与残酷斗争的印记，每一针每一线都诉说着爷爷的革命历程。

爷爷在哈尔滨从事地下工作期间，因为没有公开的职业，每月仅领九块"哈大洋"作为生活费，日常开销根本不够用。面对艰苦的生活条件，爷爷从未向组织提过任何要求。爷爷对自己要求十分严格，从不乱花一分钱，生活极其俭朴。他还经常把钱省下来用在工作上，或者帮助其他生活困难的同志。为了躲避敌人的搜捕，爷爷需要经常搬家，除了大褂之外，

第九章 爷爷的遗物

◆ 1931年至1933年,杨靖宇在哈尔滨进行抗日活动时穿过的大褂

◆ 1931年至1933年,杨靖宇在哈尔滨进行抗日活动时用过的褥子

239

他随身携带的只有一床褥子。哈尔滨的冬天十分寒冷,最冷的时候能达到零下四十多摄氏度。为了节省开销,爷爷不敢多烧柴火取暖,仅靠这床单薄的褥子挨过一个又一个寒冷的夜晚。

　　1932年初夏,根据工作需要,爷爷代理满洲省委军委书记,主要负责兵运工作①和开展抗日武装斗争,当时他化名张贯一。1932年秋,中共满洲省委派他去南满巡视工作。临行前,由于路费不够,爷爷就将大褂和褥子拿到当铺当了,换成了路费。1933年5月,爷爷回哈尔滨向省委汇报工作并讨论贯彻中央《一二六指示信》精神,他把大褂和褥子赎了回来继续使用。当时,爷爷住在省委宣传部干部姜椿芳的家里。爷爷在姜椿芳家住了一个来月,和他们相处得像家人一样,有空就帮姜母做家务,并给她讲战斗的故事。6月初,爷爷要返回磐石继续领导南满地区的武装抗日斗争。这次返程的路费还是

---

①在伪军和民间武装中发展党的力量,策动起义。

不够,他不想给组织添麻烦,于是把刚从当铺赎回的大褂和褥子再次当掉。爷爷把当票交给姜母代为保管,并说道:"这当票的期限为一年,我用不了一年就会回来,到那时再赎回这件大褂和褥子,还可以继续用。"姜母说:"你放心吧,我给你保管好,等着你回来用。"然而,此后爷爷在南满率领抗日队伍,与日寇进行艰苦卓绝的殊死战斗,直至1940年牺牲,再未返回哈尔滨。转眼一年的时间到了,爷爷仍未回来,于是姜母便用自己的钱把大褂和褥子赎了回来,一直保存着。1936年,姜椿芳与母亲迁居上海,一路上姜母把很多东西都扔掉了,但这两件物品却始终珍藏着,准备找机会还给爷爷。

1952年,姜椿芳调到北京工作,曾与姜椿芳在哈尔滨一起工作过的原中共满洲省委组织部部长何成湘告知姜母,当年住在她家的"老张"就是抗日民族英雄杨靖宇,已于1940年壮烈牺牲。姜母得知消息后悲痛不已,提及当年的"老张",她拿出爷爷的两件遗物,边哭边说:"我一看见这两件东西,就想起了

'老张'，人老实厚道，和蔼可亲，一大清早起来，帮我做饭、扫院子，忙完了，坐那儿陪我说话。这么好的人，还牺牲得这么惨。该杀的小鬼子，个个都不得好死啊！'老张'啊，我等你二十年了，等来的却是白发人送黑发人呀！"姜母声音哽咽，"原想亲自交给'老张'，但现在已经不可能了。我为党失去这样一位抗日民族英雄感到痛心，我把保存多年的这两件遗物交给你们。希望将遗物转交给冯仲云同志，让他捐献给东北烈士纪念馆，让全国人民都能看到，让更多人了解杨靖宇的英雄事迹。"1996年，这两件遗物被国家文物局组织的专家鉴定组确认为一级文物。

北京中国人民革命军事博物馆收藏着一枚刻有"杨靖宇印"的印章，为国家一级文物。印章雕有狮子钮，印面刻有"杨靖宇印"四个隶书字。1967年，通化县兴林镇农民张元冲在地里耕作时发现了这枚印章，后来通过派出所、公安系统辗转将印章送到北京。爷爷曾率部于1933年末至1938年间转战于金川、柳河、辉南一带,并建立了金川河里抗日游击根据地。"河里"的"河"指哈尼河,是通化市的母亲河,满语意为"弯曲的神刀"。河里位于哈尼河上游湾里地区、长白山龙岗山脉中段,其范围在日伪统治时期包括东边道旧制的通化、柳河、辉南、金川、濛江等县。河里抗日游击根据地是长白山抗日游击区的战略支点,曾被抗联战士亲切地称为"抗联的老家"。兴林镇则是金川河里抗日游击

◆ 1967年发现于通化县兴林镇的杨靖宇将军印章（现存于中国人民革命军事博物馆）

根据地的核心区——抗联第一路军的后方军事基地。因此，爷爷的印章遗失在兴林镇也就不足为奇了。

其实说爷爷最后弹尽粮绝，是对他战斗到绝境的比喻，爷爷牺牲时，身上还有百余发子弹，可惜他已没有力气和机会把仇恨的子弹全部打出去。爷爷还有一件最珍贵也最令人痛心的遗物。爷爷牺牲后，日本人要看看是什么让爷爷能在那样无法生存的环境中坚持下来，于是将爷爷的腹部剖开，看到爷爷腹内只有枯草、树皮和棉絮，伪通化省警察厅厅长岸谷隆一郎不禁感叹道："虽为敌人，睹其壮烈亦为之感叹。"岸谷隆一郎于1945年日本战败投降前夕自杀，他在遗书里这样写道："天皇陛下发动这场侵华战争或许是不合适的，中国有像杨靖宇这样的铁血军人，一定不会亡国。"我想这些树皮、棉絮是最宝贵的遗物和精神财富。

爷爷的遗物，是他伟大一生的缩影，是中

华民族宝贵的精神财富。爷爷在极端恶劣的环境里，孤身奋战到生命的最后一刻，这些无声的遗物虽简，却重如千钧，诉说着爷爷作为一名共产党员的勇毅初心，他用生命诠释了"为民族解放而奋斗到底"的铮铮誓言！这些遗物也时刻提醒着后人，今天的和平与繁荣是无数先烈用鲜血和生命换来的，更激励着我们在新时代传承和弘扬先辈们的精神，为推进强国建设和民族复兴伟业而不懈奋斗。

第十章 爷爷牺牲后的三次安葬

第十章 爷爷牺牲后的三次安葬

爷爷牺牲后,日本侵略者以为这样就能击垮东北抗联,却不知爷爷的精神和血脉早已融进了长白山的松涛,燃起了更顽强的抗日烈火。爷爷的牺牲不是抗争的终结,中国人民反抗日本侵略者的斗争在中华大地上更加高涨。

日军在杀害爷爷之后,曾用飞机撒传单散布这一消息,目的是瓦解东北抗联将士和老百姓的抗日斗志。可是老百姓看到传单之后根本不相信,因为在东北老百姓的心里,爷爷就像战神一样,永远不会死!

广大抗联战士则化悲痛为力量,继续与日本侵略者进行英勇顽强的斗争。东北抗联第一路军副总司令魏拯民用杨靖宇的精神鼓舞全体将士:"靖宇同志生前没有完成的事业要由我们来完成。到革命胜利的那一天,我们每一个人都要无愧于心地在靖宇同志墓前说,杨靖宇同志,我们在你之后,做了我们应该做的事。我们庄严宣誓,为了祖国人民,为了杨总司令,我们第一路军全体战士,紧密团结,坚决继承杨靖宇的事业,踏着烈士的血迹,继续奋战,克服一切困难,一定把鬼子赶出去!"在爷爷精神的感召下,东北抗联第一路军各部向长白山区的伪警察署、伪军据点和伪边防站发起了猛烈的进攻。仅1940年3月2日至6日,东北抗联第一路军第一方面军在魏拯民、曹亚范、伊俊山等抗联将领的率领下,对敌人发起三次殊死的攻击,他们被敌人惊呼为"打疯了"的部队。爷爷牺牲之后,先后有过三次安葬。

首次安葬:敌酋的惶恐与英雄的长眠(1940年)

第一次安葬是在1940年。当时残暴的日军用铡刀铡下了爷爷的头颅,装进一个长二十五厘米、宽二十五厘米、高三十五厘米的木箱里。为了起到"警示民众"的作用,木箱的一侧装有透明玻璃,日军用汽车将其运到当时的伪通化省城,在各学校、街道示众,开展演讲宣传,并在通化师道学校举行"庆贺"活动。

第十章 爷爷牺牲后的三次安葬

后来,爷爷的头颅被送到伪满洲国"新京"关东军司令部邀功请赏。据相关记载,南满地区军警宪特"讨伐"司令部司令官野副昌德在爷爷牺牲后精神高度紧张,民间流传其常做噩梦。为此,岸谷隆一郎专门请来几个和尚、道士给他算命。有的说杨靖宇是天罡星下凡,割了杨靖宇的头就是犯了煞星,会有血光之灾,破解之法是找回杨靖宇的头颅。于是,野副昌德指令岸谷隆一郎按道士掐算的日子——3月5日安葬爷爷。

岸谷隆一郎一听就着急了。因为铡下爷爷头颅后,遗体被随意与几具无头尸体混葬在一起。事情已过去多天,寻找爷爷的遗体绝非易事。岸谷隆一郎下了死命令,要求伪濛江县公署警务科科长王世洪务必千方百计找到遗体,以全尸安葬。王世洪几经周折,找到负责掩埋尸体的保安村村长刘成祥。刘成祥本就是个有心人,当初并未按岸谷隆一郎的命令将爷爷的遗体与其他无头尸体混葬,而是单独找地方掩埋。此时爷爷的头颅早已被送往"新京",于是众人在当地找来两个木匠,用木头雕刻了一个头颅安在遗体上。

3月5日,日本人在濛江县城西山(今靖宇县第七中学校园内)关帝庙给爷爷举行了"慰灵祭"大会,伪通化省警务厅人员、伪濛江县公署官员及当地百姓数百人参加了"慰灵祭"。由和尚做法事,按日本习俗隆重祭奠后,将遗体安葬在保安村西岗上,并请县里毛笔字写得最好的李咸阳老先生题了字。正面大字楷书"杨靖宇之墓",背面署名"岸谷隆一

◆ 日军在杨靖宇殉难地举行"慰灵祭",左上图为指挥杀害杨靖宇将军的凶手——岸谷隆一郎

郎",边款小字为"康德七年三月五日(1940年3月5日)立"。

在战争年代,为敌方举行如此隆重的安葬仪式,在世界战争史上极为罕见。虽然爷爷的身躯倒在了敌人的枪口下,但他的精神永远战胜了敌人。

人民政府的缅怀:从濛江到靖宇(1946年)

第二次安葬是在1946年。抗战胜利后,共产党在濛江县建立了民主政府。新政府成立后,立即筹备重新安葬爷爷。1946年2月14日,经辽宁省人民政府批准,濛江县政府发布《为濛江县易名告各地同胞书》,这样写道:"我们为永远纪念杨司令,故将濛江县改为靖宇县,以作长久纪念。请大家不要再叫濛江县而称靖宇县,来追念抗日救国的先烈杨靖宇司令吧!"[1] 县政府的这一决定得到了各界人士的热烈支持,广大人民群众和县里的商户自发捐

---

[1] 宋晓宏、高峰、傅伟:《永久的丰碑——杨靖宇将军资料汇编》,吉林文史出版社,2005年版,第70页。

款，为爷爷修墓。

　　墓地选在保安村西北的一个平岗上，这次还是请李咸阳老先生用工整的楷书为爷爷书写碑文。石碑正面镌刻着"抗日民族英雄杨靖宇将军之墓"，落款写着"靖宇县民主政府暨靖宇县各界人民同立"，石碑背面镌刻着"杨靖宇将军传略"。墓室由青砖砌成，正面横额上写着"抗日民族英雄杨靖宇将军英名千古"。

　　1946年2月23日，在爷爷殉国6周年之际，靖宇县的各级干部和农工商学各界群众齐聚墓前，参加党和人民政府为爷爷隆重举行的追悼大会。老百姓抬来的祭牲、香案、供果，将墓前摆得满满当当。还有抗联战士和支援过抗联的老人，带着香纸前来祭奠。当天，濛江县政府还在墓前将向日寇告密出卖爷爷的伪牌长赵廷喜和特务李正新枪决，以告慰爷爷的英灵。也正是从这天起，濛江县改为靖宇县，濛江镇改名为靖宇镇，爷爷牺牲地附近的三道崴子濛江村改名为靖宇村。

　　为纪念爷爷，1946年2月19日，在通化以东北民主联军通化支队为基础，正式建立了

"东北民主联军杨靖宇支队"。杨靖宇支队成立后,先后活动在通化、辑(集)安、临江、长白、抚松、靖宇、安图、桓仁等县,继续为东北解放战争的胜利贡献力量。

1949年,郭沫若在参观东北烈士纪念馆时,曾为爷爷杨靖宇题诗。

◆ 杨靖宇将军纪念塔及殉国地纪念碑

头颅可断腹可剖,烈气难消志不磨。
碧血青蒿两千古,于今赤旆满山河。

这是对爷爷生平最生动的写照。

全民族的致敬:新中国首次公祭与英灵归葬(1958年)

第三次安葬是在1958年。在爷爷牺牲之后,寻找他的头颅一直都是党和人民非常关心的事情。当年,爷爷的头颅被送到"新京"后,同东北抗联第一路军第三方面军指挥陈

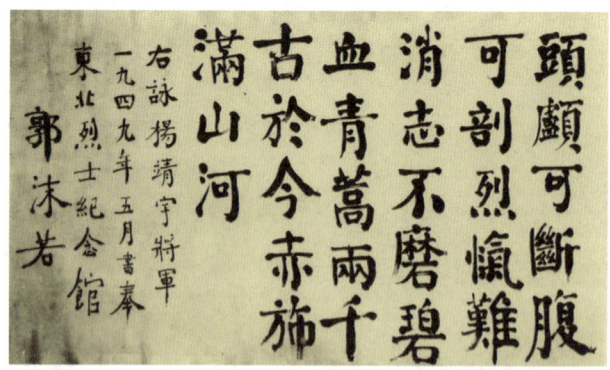

◆ 郭沫若为杨靖宇将军题诗手迹

第十章 爷爷牺牲后的三次安葬

翰章的头颅一起存放在日本关东军司令部医务课，装在两个盛满福尔马林溶液的玻璃缸内。后来又被转送至伪满"新京"医科大学（后更名为长春医学院）保存。抗战胜利后，国民党抢先接收了日伪政权控制下的机构，该医学院被国民党保安骑兵第二旅占据。为了取回爷爷的头颅，防止被国民党破坏，中共东北局社会部联络处驻长春的地下工作小组负责人李野光、李广德向上级请示后，派掌握爷爷遗首下落的亚光医院院长刘亚光打入国民党保安骑兵第二旅卫生队。刘亚光打入卫生队后，利用去医学院给国民党官兵巡诊的机会，潜入医疗器械室，在旁边房间的一个陈列柜内发现装有爷爷和陈翰章两位烈士头颅的玻璃缸。当时玻璃缸内的药水已严重浑浊，液面大幅下降，部分头颅露出液面。刘亚光以搬运医疗器械为名，趁机将玻璃缸装上车运至国民党第一兵团骑兵第二旅卫生队，藏在五官科门斗内。1948年10月长春解放后，刘亚光将两位烈士遗首护送至亚光医院。四天后，由李广德同志送到我军松江军区前线指挥部驻长春办事处。1948年12

月，爷爷的头颅由长春送至哈尔滨，存放在东北烈士纪念馆中。

1952年6月，中国人民志愿军归国代表团在哈尔滨瞻仰东北烈士纪念馆之后，提出"在抗日联军主要活动地区修建杨靖宇将军墓"的建议。由当时的松江省政府主席冯仲云代拟报告，经东北人民政府批准，于同年6月24日以公函通知辽东省人民政府，决定在通化市修建。

杨靖宇烈士陵园建于通化市江东胜利街的东山之巅，其工程包括灵堂、陵墓、陈列室、管理所、通道、塑像、浮雕、大门、围墙等，总占地面积为2万平方米。工程从1954年7月开始施工，到1957年秋竣工。当时通化市的机关干部、企业职工、中小学生都积极参加了土建义务劳动，以表达对先烈的崇敬之情。

1957年7月15日，朱德委员长为爷爷题词："人民英雄杨靖宇同志永垂不朽"。8月下旬，爷爷的遗骨由靖宇县转移至通化市，工作人员用石膏精心为爷爷的遗骨塑形，以备遗首归来后安葬。9月25日，黑龙江省暨哈尔滨市党政军民在东北烈士纪念馆礼堂举行了庄严的恭送杨靖

第十章 爷爷牺牲后的三次安葬

宇将军遗首仪式。送灵途中，民众自发地在街道两旁肃立，向灵车致敬。爷爷遗首运至通化后，当地党政军民于通化火车站举行了隆重的迎接仪式。

1958年2月23日，是爷爷殉国18周年纪念日。党和国家在吉林省通化市杨靖宇烈士陵园举行"杨靖宇将军公祭安葬大会"，这也是新中国成立后党和国家第一次为个人举行的公祭大会。靖宇陵园保存有一张当时大会会场的照片，从照片上可以看到，主祭人从左到右包括时任中共吉林省委第一书记吴德，沈阳军区司令员邓华上将，中共中央文教小组副组长康生，爷爷生前的战友，原东北抗联第二路军总指挥周保中、第三路军政委冯仲云、第十一军一师政治部主任于天放，时任河南省副省长邢肇棠。中共中央的悼词是这样评价爷爷的：杨靖宇同志英勇奋斗的一生，表现了一个共产党人的崇高品质。他对革命最坚决、最勇敢，任何困难都不能把他压倒。他对党是最忠实的，时时刻刻都遵守党的组织和党的纪律，他热爱人民，和人民真正打成一片。他善于团结群

259

众，能够把各族人民为共同的事业而团结在一起。①会上，我的父亲马从云代表家属讲话。当天，党、政、军各级领导和社会各界代表近万人参加公祭安葬大会，以表达对爷爷的崇敬和缅怀之情。

◆ 黑龙江省暨哈尔滨市党政军民各界代表为杨靖宇将军送行

---

① 邓来法、贾英豪：《杨靖宇纪念文集》，中央文献出版社，2005年版，第4页。

第十章 爷爷牺牲后的三次安葬

在庄严的《国际歌》声中，爷爷的遗首和遗骨合葬于青松翠柏环绕的陵墓之中。当日11时50分，爷爷生前的战友周保中、冯仲云、于天放、伊俊山等为棺椁封土，爷爷从此安眠在这片他用生命和气节捍卫的黑土地上。

今天，如果大家到靖宇陵园参观的话，会看到陵园中墓室大门正上方的牌匾是朱德委员长于1957年为爷爷题写的"人民英雄杨靖宇同志永垂不朽"。两侧的牌匾左起依次为时任吉林省委第一书记吴德题写，时任辽宁省委第一书记黄欧东题写，时任中央人民政府内务部部长谢觉哉题写，时任中国人民解放军副总参谋长兼沈阳军区司令员邓华上将题写、政委周桓上将题写，还有爷爷生前的亲密战友周保中、冯仲云题写的牌匾。墓室门两侧摆放着1958年由党和国家领导人毛泽东、刘少奇、周恩来、朱德，以及朝鲜民主主义人民共和国领导人金日成、崔庸健等送来的花圈。花圈是用金属工艺铁片制成的，挽联是用帆布制作的，均为公祭安葬大会原件，保存至今已有近七十年的历史。其中，毛泽东的挽词是"靖宇同志永垂不

◆ 1958年2月，杨靖宇将军公祭安葬大会上，将军之子马从云代表家属讲话

朽"。杨靖宇烈士陵园落成后，党和国家领导人胡耀邦、杨尚昆都曾到陵园拜谒。

从敌酋的惶恐祭奠到人民政府的缅怀，再到全民族的公祭，三次安葬历程，既是侵略者妄图瓦解中国人民抗日斗志却最终溃败的真实记录，更是中华民族在苦难中觉醒、在抗争中凝聚的精神成长史。

第十章 爷爷牺牲后的三次安葬

◆ 杨靖宇将军遗容

1972年,我十三岁的时候,母亲在清明节带着我们兄妹几人来到通化靖宇陵园给爷爷扫墓,那是我第一次来到这里。来之前,我对爷爷的印象还停留在一些书籍和宣传报道中的形象上。当我第一次踏入陵园,看到那一尊威武不屈的雕塑时,我不由得发出了一声感叹:"啊……这就是我日夜想念的爷爷。"虽然爷

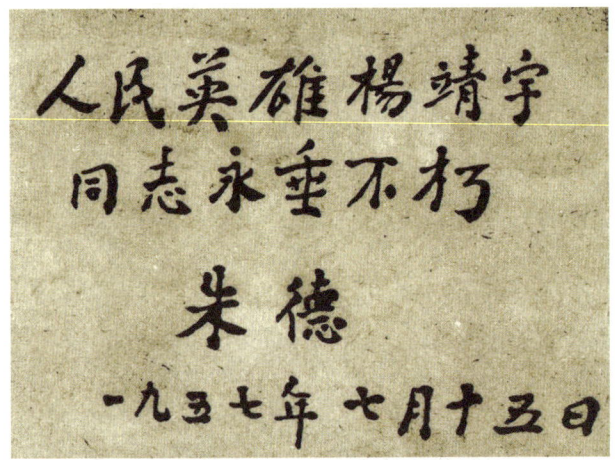

◆ 朱德委员长给杨靖宇烈士的题词

◆ 党和国家领导人在公祭安葬大会上送来的花圈（现保存于杨靖宇烈士陵园）

第十章 爷爷牺牲后的三次安葬

爷已不在人世了,但是我们的身体里流淌着他的血液。从那时起,爷爷伟岸的身影就深深地印刻在我的脑海之中。那一天,当地群众都自发前来祭奠爷爷,还有很多人专门带着自己的孩子来到烈士陵园,给孩子讲述爷爷当年的故事。我想,这既是对英雄的崇敬,更是一种精神的传承。扫完墓之后,我们一家人又去了靖宇县,也就是爷爷当年牺牲的地方。当时,靖宇县还是一个人口不到五万的贫困县。在当地,我们遇到了一位八十多岁的老人。当她得知我们是杨靖宇的后人时,流着眼泪说:"杨靖宇将军有后人了,这叫后继有人啊。"她这简短的话语让我深受感动,因为爷爷二十四岁就离开家乡河南,三十五岁牺牲在东北,大家都没有想到爷爷会有后人。那次东北之行,我们还见到了很多东北抗联将士的后代。虽然我们是初次见面,但大家就像亲人一样。之所以如此,是因为我们的先辈、我们的亲人都是为了这片土地而光荣牺牲的!

如今,每年清明节前,我都会早早地到爷爷的牺牲地或安葬地祭奠。为了避免给当地政府带

我的爷爷杨靖宇

◆ 1972年清明节,杨靖宇将军后人在通化靖宇陵园祭扫时的全家合影

来麻烦,我都是在天蒙蒙亮的时候就到那里,献上一束鲜花,倒上一瓶好酒,和爷爷说会儿话。这些年,我总梦见爷爷站在白桦林里,羊皮袄上挂满冰凌,脚上的靰鞡鞋露出棉絮。他不说话,只是把缴获的手枪别在我腰间,转身消失在漫天飞雪中。醒来时,窗外正飘着细雪,恍惚间我仿佛看见千山万壑间,无数抗联战士化作冰雕,眼

睛坚定地望着东方——那里，爷爷的铜像正披着朝霞，替所有没能看见黎明的人，守望着这片黑土地上永不熄灭的星火。每当我站在陵园里，看着络绎不绝前来祭奠的人群，看着父母给孩子讲述爷爷当年的故事，我便知道，爷爷和无数抗联先烈的精神，早已深深融入中华民族的血脉，如同长白山的松涛，永远回荡在这片他们用生命捍卫的土地上，激励着一代又一代的中国人，在实现民族复兴的征程上奋勇前行。

◆ 杨靖宇烈士陵园

第十一章 不能给爷爷脸上抹黑

第十一章 不能给爷爷脸上抹黑

爷爷杨靖宇早早地离开了我们，留给后人的遗产别无他物，唯有他那颗爱国家、爱人民的赤诚之心，以及勇往直前、从未屈服的革命精神。这种精神一直激励着我们成长和进步。

1953年冬天，东北烈士纪念馆落成，我的父亲和母亲应邀到哈尔滨参加了开馆仪式。在哈尔滨的日子里，父亲和母亲受到了很多抗联老战士的热情接待。特别是爷爷昔日的战友和部下，见到父亲和母亲都分外亲切，关怀备至。有的人甚至提出要就地给他们安排好工作和生活。可父亲再三考虑后，一一婉拒了，他还是决定要回河南老家生活。

离开哈尔滨之前，父亲和母亲再次来到东北烈士纪念馆里那只装着爷爷头颅的玻璃容器前，跪在地上重重地磕了三个头，说："放心吧，爹，我们不会给您丢脸的！"

1958年2月23日，是爷爷殉国18周年纪念日，党和国家在吉林通化杨靖宇烈士陵园为爷爷举行了隆重的公祭安葬大会。父亲和母亲带着当时的三个孩子去东北祭奠爷爷。在参加完爷爷的公祭安葬大会之后，父亲和母亲专程去了趟靖宇县，在爷爷牺牲的地方带回了一块桦树皮。爷爷的一位老战友曾对父亲说："你父亲当年就是吃这个和敌人打仗的。"桦树是长白山区的标志性树种，具有挺拔耐寒、洁白高雅、宁折不弯的特点，也是北方人性格的象征。我想，父亲和母亲特意从东北带回一块桦树皮，寄托着对爷爷宁死不屈、浴血奋战精神的深切缅怀，也寓意让我们后人永远铭记爷爷牺牲在这里，长眠于他热爱、战斗过的这片土地上。回到家，母亲将桦树皮放在一个特制的木箱中，每逢节日便取出教育我们。每逢年节和爷爷的忌日，母亲总会把这块桦树皮拿出来，讲述背后的故事，教育我们和我们的下一代。她还时常掰下一块尝一尝，告诉我们，咱是抗日英雄的后代，不能躺在爷爷的"功劳簿"上向组织提要求，要勤奋工作，为爷爷争光，不给先辈抹黑。如今，这块桦树皮成为我们马家的"传家宝"，在我们家里已经传承了近七十年,它诠释着我们家"严要求、重责任、懂知足"的家规家训。

◆ 马家的"传家宝"——桦树皮

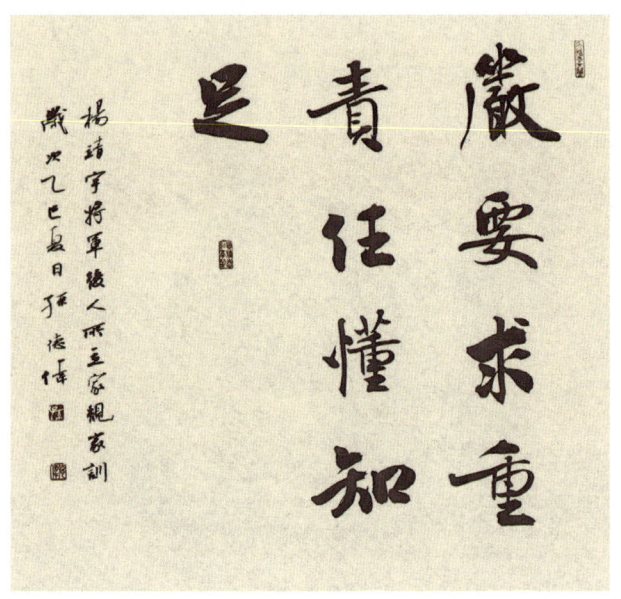

◆ 杨靖宇将军后人所立家规家训：严要求、重责任、懂知足　孙德伟书

父亲在世时，经常对我母亲说："咱跟别人不一样，爹连命都没有吝惜，咱不能躺在他的功劳簿上……干啥事儿都得对得起他！"父亲1951年参加工作，1953年入党，后来调入郑州铁路局机关党委、郑州铁路局材料厂党委当干事，先后在铁路系统担任机车乘务员、司炉以及材料厂宣传科科员等基层岗位，一步步踏实工作。1964

第十一章 不能给爷爷脸上抹黑

年,患有黄疸型肝炎的父亲在去江苏镇江出差的途中病情恶化,由于医疗条件有限,不幸离世,年仅三十七岁。父亲去世时,家里的孩子年龄都小。当时,我们兄妹四人最大的十四岁,最小的我只有五岁,我的小弟弟马继民当时尚在母亲腹中。

父亲去世后,母亲继续秉承着严于律己的家风。当时,养家的重担一下子全落在了母亲一个人身上。母亲当年唯一的想法就是把我们五个孩子拉扯大,让我们能上学、工作、成家立业。尽管爷爷是著名的抗日英雄,但母亲无论遇到多大的困难,都想尽办法自己克服,尽量不给政府添麻烦。母亲是一位传统的中国妇女,裹着一双小脚,没有正式工作,父亲去世之后,家里的抚恤金只有四十四元五角。这些钱,基本上半个月就花完了,养活几个半大孩子实在困难。漫长的岁月里,刚强的母亲靠纳鞋底、剪猪鬃、轧手套①、糊纸盒维持生计,我们家的生活十分清苦。

---

① 手工缝制手套。

邻居们曾劝她说:"有什么难处就向上级反映吧。""东西就那么多,俺家多拿了,别人就得少拿,都不好过啊!"面对邻居们的善意,母亲总是这样朴实地回答。我们五个兄弟姊妹的衣服都是轮着穿,大的穿完小的穿。尽管是补丁摞补丁,但母亲总是将衣服洗得干干净净,让我们穿得利落整齐。两个姐姐几乎在同一时间下乡,但家里只有一床被子,因为这,母亲找到了街道办事处,办事处告诉

◆ 杨靖宇将军后代合影(前排左起:马继传、方秀云、马继先;后排左起:马继志、马继光、马继民)

第十一章 不能给爷爷脸上抹黑

她可以去领一床被子。后来母亲考虑到自己没有棉票，如果领被子的话，就会占用别人的，于是通过街道解决了布和棉花，回家后自己动手缝制了一床被子，把两个姐姐送到了上山下乡的大军中。这是母亲唯一一次向街道求助。铁路局领导来慰问，问她有没有困难，她总是说："家里一切都好，谢谢你们的关心。"在20世纪50年代建的三十六平方米的小平房里，母亲带着我们一直住到1998年拆迁。

在母亲的严格教育下，我们的成长始终伴随着良好的家风熏陶。我们五个兄弟姊妹的名字都有一个"继"字，从大到小依次是：继光、继先、继传、继志、继民。其寓意就是要继承爷爷遗志，继承革命传统，永远不能忘记历史，珍惜今天的幸福生活。母亲常常告诫我们，绝对不允许以抗日英雄后代为由向组织提要求、捞好处。爷爷是爷爷，我们是我们。不能张扬，要低调做人、本分做事。所以，和别人家的孩子相比，严格的家教、家风使我们从小就有一种沉甸甸的责任感。

大哥马继光，因为两岁时发高烧没有得到

及时医治，几乎成为聋哑人。但他并不是完全听不到，而是要声音大一些，他才能听到。父亲去世后，大哥放弃了住校，每天步行十几里回家帮母亲干活。为了生活，母亲给我们几个

◆ 马从云、方秀云及大儿子马继光合影

第十一章 不能给爷爷脸上抹黑

孩子分工。白天,大哥领着我和弟弟到铁道边捡煤核,大姐和二姐去挖野菜。每逢母亲熬夜做零活时,我们兄妹几个都会围在母亲旁边,帮她一起做活儿。虽人小手拙,却也努力地帮忙。轧手套时,我们负责递线、整理面料;糊纸盒时,我们负责抹胶水、折纸板……母亲用她柔弱的双肩,为我们撑起了一个家。我们则用微小的力量,陪伴着母亲,一起扛起了生活的艰难与困苦。

当然,小孩子也有不理解、扛不住的时候。有一次,我的弟弟马继民对母亲抱怨:"我们家为什么总吃白菜呀?我要吃肉!"母亲从箱子里取出那块珍藏的桦树皮,对弟弟说道:"你爷爷当年靠桦树皮充饥打日本鬼子,你现在的生活比爷爷那时强多了。你是英雄的后代,不准在生活方面和别人攀比!"生活中,母亲也处处以烈属的标准严格要求我们,对外从不提自家的烈属身份。

1977年,母亲想让我参军。征兵一开始,她便第一个给我报了名,但她从没提及我们是杨靖宇的后人。其实我们这个年龄段,能当一名军人,能穿上绿军装,是极大的荣耀。特别是作为杨靖宇的后人，我更梦想着能成为一名军人，将爷爷的精神血脉延续下去。1977年初，十八岁的我光荣地加入了中国人民解放军，在河南洛阳第四十三军一二七师服役，从事报务工作。参军后，我刻苦训练，学习军事技能，时刻准备着报效祖国，希望能像爷爷那样上阵杀敌、保家卫国。

1978年11月，我所在的部队接到指令，从河南开赴广西。得到这个消息的时候，我第一时间就写了请战书。当时部队要求不能给家里写信，所以家里人都不知道我去了哪里。到了广西之后，部队才允许我们写信。我给家里写的第一封信，汇报了我在部队的情况，然后又把身上的不到十元钱以及十多斤全国粮票随信寄回家里。当时我想着，打起仗来，能不能活着回来不一定，把这些东西寄回家，也算尽一份心。家里人收到我的信之后，给我回了一封信，其中有一段话是这样写的："一定要注意安全，听部队首长的话，一定不能给爷爷脸上抹黑，要争光争气。"

1979年2月17日清晨六点半，战斗打响了！我记得非常清楚，我军的炮火一波一波地

第十一章 不能给爷爷脸上抹黑

打过去,整个天都是红的,可以用两个字来形容——震撼。有战争,就有牺牲,就有伤亡。随着战斗一步步地推进,我们打到了谅山的外围。我记得那天是3月3日,晚上下着小雨,天特别黑,周围都是被雾笼罩的山。执行完任务之后,我和战友换了班,就在电台车下面短暂地休整。突然,我的战友在电台车上发现对面山上有一群黑影向我们奔过来。他问对方口令,当时的口令是一天一换,但对方没有做任何回答。与此同时,一梭子冲锋枪子弹打了过来。当时我就感到腰部一热,瞬间意识到自己可能负伤了。没有更多地去想,我返身拿起冲锋枪找了个有利地形进行还击。战斗持续了三个多小时,敌人被击退了。在这次战斗中,我们一共有三位同志负了伤。子弹从我的右胯部穿了过去,留下一个贯穿伤。另一名战友的右腿被子弹打穿了。负伤最严重的是我们台长,数发子弹穿透了他的腰部,从那以后他就再也没能站起来。

曾有人问我,中弹是何感受?我的感觉是,就像被烧红的铁棍烫穿身体。3月16日,对越自卫反击战胜利结束,我们返回国内。想到身边那么多牺牲的战友,他们正值风华正茂,却永远地长眠在那里,我们能活着回来,真的是非常幸运。我想,也许是爷爷的在天之灵保佑着我。那个时候,祖国和人民授予了我们一个光荣的称号,称我们是"新一代最可爱的人"。我也想对爷爷的在天之灵说一句:"您的孙儿在国家主权受到威胁的时候,坚定地握

◆ 荣立三等功的马继志

第十一章 不能给爷爷脸上抹黑

紧了手中的钢枪，保卫了祖国的领土完整，没有给您脸上抹黑！"

从部队退伍后，我成为一名火车司机。第一次上班时的情景，现在想起来仍记忆犹新。那时还是蒸汽机车，我每天要往炉里填七八吨煤。头一趟跑车回来，累得要哭了。母亲安慰我说："你是上过战场的人，再想想爷爷和日本侵略者打仗时的那种艰苦，还有什么困难是不能

◆ 在铁路工作时期的马继志

克服的呢?"在母亲的鼓励下,我不但坚持了下来,还每年都被评为先进工作者。我所跑的郑州至安阳段是全国最难跑的货车线路之一,沿途客车多,路况复杂。但在三十多年的职业生涯中,我做到了安全行车百万公里。一个人的能力有大有小,作为英雄的后代,我不能做到像先辈那样名垂青史,但有一点我会始终牢记在心:"绝不给爷爷抹黑!"通过做好本职工作,为群众服好务、尽好责,贡献应有的力量。

1982年,我的弟弟马继民高中毕业。他也选择了参军,被分配到海军南海舰队。临行前,母亲嘱咐他说:"还是那句话,记住爷爷,是在心里记,千万不要四处张扬。"遵照母亲的嘱咐,弟弟马继民在部队表现得十分出色,但没有人知道他是杨靖宇的后人。复员后,他和我一样,回到郑州铁路系统工作,成为一名普通的铁路职工。但不同的是,2005年,他多了一个特殊的身份——吉林省靖宇县县长助理。说起这个身份,还有一段曲折的故事。

2005年2月22日,继民应邀参加白山市举办的杨靖宇诞辰100周年、殉国65周年纪念大会。会议期间,他与白山市和靖宇县的有关领导讨

第十一章 不能给爷爷脸上抹黑

论如何发展靖宇县的红色旅游。讨论中,一位领导同志突发灵感,激动地说:"继民可以过来,帮助我们做这方面的工作,那效果肯定不一样。"继民笑笑,没有明确表态,只是说:"回去考虑一下再说。"其实,继民对赴任县长助理有顾虑,担心辜负期望或引发误解。

回到郑州后,靖宇县委、县政府有关领导又先后打了几次长途电话,一再邀请他出任靖宇县县长助理,协助当地发展红色旅游。为了打消继民的顾虑,对方也提出,这个县长助理只是挂名,不进编制。靖宇县领导的诚恳态度令继民十分感动。他一时拿不定主意,决定与母亲商量。

母亲觉得这个事情必须慎重考虑,为此,她专门召集全家人开了家庭会议。当时,家里有人提出,事是好事,可就怕是商业行为,利用英雄后代进行炒作。最后母亲说,如果是商业行为,那我们就是给爷爷抹黑,坚决不能去;如果是为爷爷当年奋斗、牺牲地方的群众谋福利,作为后人我们应尽这份力。同时,她也提出:"有一个大前提必须坚持,那就是不要一分钱的工资,不要任何待遇,就是义务。"后来,靖宇县又专门请马继民去了趟县里,参加杨靖宇铜像落成典礼,而这次东北之行促使全家人最终下定决心接受"县长助理"这个职务。

那天,典礼结束后,继民从礼堂往外走,发现礼堂的大门被观众堵住了。原来,大家听说杨靖宇将军的孙子来了,非要见一见。这时,让他终生难忘的一幕出现了:两位年过八旬的老大娘相互搀扶着走了过来,一边走,一边说:"孩子,让大娘看看你。"人们自动让出一条路,两位老人走到继民跟前,分别拉住他的一只手,上下左右地打量着他。半晌,一位老人说话了:"长得太像了,杨将军有后人了,能看到杨将军的后人,我们死而无憾了!"在场的人都流下了眼泪,继民更是热泪盈眶,心情久久不能平静。靖宇县的一位领导对他说:"继民呀,东北人民对你爷爷的感情就是真挚的啊,你理解了吧!"后来,继民办完了事,靖宇县的领导送他返回郑州。他们搭乘一辆出租车,直奔火车站。在与出租车司机闲聊时,一位靖宇县的同志指着继民对司机说:"你知道他是谁吗?"司机摇摇头,那位同志说:"他就是杨靖宇将军的孙子呀!"司机非常惊讶,连忙刹车,说:

第十一章 不能给爷爷脸上抹黑

"老天爷呀!这是真的吗?让我好好看看。"看了半天,这才重新启动车子,一边开车一边说:"回家要告诉我爹,我见到杨靖宇将军的后人了,让他高兴高兴。"到了火车站,继民要付钱,司机坚决不收。他竖起三根手指头,说:"杨靖宇将军的故事,我们家讲了三代了。吃草根、啃树皮,宁死不屈,就是跟小日本干,那才叫共产党,那才叫英雄好汉,白山黑水都记着呢!今儿个他后人来了,我收车钱,那我还算靖宇人吗?"临别,靖宇县的领导紧紧握着继民的手说:"继民啊,你都看见了,这就是老百姓的心声。我们请你来,也是本着对老百姓负责的态

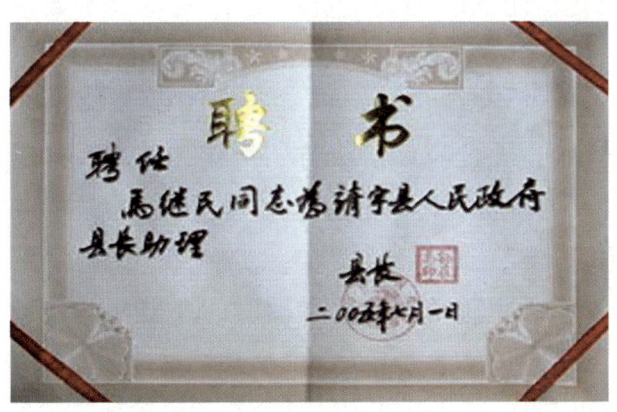

◆ 聘请马继民为靖宇县人民政府县长助理的聘书

287

度。靖宇是贫困县，我们深感对不起为这块土地牺牲的杨将军和这里的人民。我们一方面要大力进行爱国主义教育，另一方面要大力发展红色旅游经济，让老百姓尽快富起来……"

回到郑州，继民含着眼泪把这两件事跟家里人讲了。全家人都为东北人民对爷爷的深情厚谊而感动。母亲最后发话了："我们不能拒绝人家。可以去，但是，还是那句话，不能要一分钱，不能提任何物质上的要求，帮他们做事也是为了纪念你爷爷。"

2005年7月7日，继民从县委书记手中接过了靖宇县县长助理的聘任证书，自此成为一名没有编制、没有工资的义务"县官"。就这样，继民的组织关系仍然保留在郑州原单位，他去靖宇县工作不要一分钱工资，义务协助当地把东北抗联的事迹、文化、精神宣传出去，为这个国家级贫困县改善面貌尽自己的一份力。

任职后，继民一半的时间在郑州，一半的时间在靖宇。除了协助副县长进行红色旅游的组织、宣传工作，他还经常到爷爷领导的东北抗联第一路军战斗过的地方进行调查走访，挖掘、收集历史资料，并推动成立了"东北抗联暨杨靖宇爱国主义精神研究会"，挖掘抗联文化，整理抗联史料，宣传和弘扬东北抗联精神。2015年，他还帮助吉林音像出版社拍摄了《我的爷爷是抗联》纪录片，随拍摄组重走抗联路。该纪录片还获得了国家级奖项。继民常讲："来到靖宇县以后，实实在在地感到肩上的担子格外重了。抗联有太多历史需要挖掘整理，抗联不是我爷爷一个人，他只是一个典型代表，抗联精神是成千上万的民族英雄创造的，作为后人，我们有责任宣传这种精神。"

  革命后代的出身，给我们带来了沉甸甸的压力，也带来了更大的动力。压力源于对先辈的敬畏。在外人眼中，我们是杨靖宇将军的后人，若做得不好，便是对先辈的辜负。而动力则来自对家风的坚守。每当面临思想冲击或物质诱惑时，我们总会想起母亲捧着那块珍藏的桦树皮告诫我们的话："社会变化快，外面的好东西越来越多，咱们要守住自己，管好自己的嘴和手，因为我们是英雄的后代。人家有大房子、好车子，咱们不羡慕。通过双手劳动挣来的钱最踏实。你们如果做了对不起爷爷的

◆ 2015年清明节，马继民（右二）与《我的爷爷是抗联》摄制人员到杨靖宇将军殉国地拜谒并合影留念

◆ 马继民在讲解东北抗联遗址遗迹

事，也就对不住他老人家所吃的苦！"母亲从未见过爷爷，但母亲的言传身教让我们的心中永远留存着一个鲜明、伟岸的爷爷形象，这就是流淌在血脉中的传承。

在良好家风的熏陶下，一路走来，我们从不拿爷爷的名字和功绩当垫脚石。母亲常说："桦树皮嚼得碎，苦日子咽得下，但'清白'二字嚼不碎、咽不下，得一辈子捧在手心。"这句朴素的话，让我们在时代变迁中始终坚守：英雄后代的身份不是炫耀的资本，而

◆ 方秀云去世一周年之际，部分家人在郑州烈士陵园合影

第十一章 不能给爷爷脸上抹黑

是"行得正、坐得端"的约束。因为我们知道，爷爷当年啃着桦树皮打鬼子，为的是不让后人再啃桦树皮，让更多人活得有尊严、有骨气。

大哥马继光一直在铁路局当工人，他的妻子王军是他在郑州聋哑学校上学时的同学，也是一名残疾人。继民的妻子在郑州农药公司工作，也是一名普通工人。和我们兄弟三人一样，两个姐姐也都是铁路系统的普通职工。大姐马继先是第一批下乡知青，回城后在天津一所中专读书，毕业后被分配到郑州铁路局，后调入郑州铁路局职工技术学院基建科工作。她在学校工作了十几年，默默无闻，勤勤恳恳。后来，她所在学院的院长了解了她的身份，感到十分惊讶，难以置信。大姐的丈夫和她在一个单位工作。二姐马继传在20世纪70年代下乡到扶沟县，回城后被分配到郑州铁路局客运段财务室工作。二姐的丈夫在郑州铁路局机务南段工作。现在，我们兄弟姐妹五人都已经退休了。

这些年，不时有人问我们："守着'杨靖宇后人'的名号，为什么不'用'起来？"

听到这样的问话，我们第一时间就会想起那块斑驳的桦树皮——它不是"特权符"，而是"警示钟"。它提醒我们：手占了便宜，心就缺了干净；嘴贪了享受，肩上就少了担当。这种家风，让我们在普通岗位上找到了"特殊价值"：当火车司机，就把安全行车当作使命；当基层职工，就把默默奉献当作荣耀。因为我们深知，爷爷的精神从来不是挂在嘴上的口号，而是融入血脉的基因——它让"英雄后代"四个字，不是刻在墓碑上的荣光，而是写在大地上的答卷。

2014年，我们家光荣入选全国妇联"最美家庭"。2016年12月12日，第一届全国文明家庭表彰大会在北京举行，我作为代表去北京领奖，并受到习近平总书记的亲切接见。我知道，这份荣誉不属于我们一个家庭，而是属于所有像爷爷一样为信仰拼过命的先辈，属于所有在平凡中践行初心的家庭。它让我们更加坚信：好家风是永不褪色的"传家宝"，当更多人把"不能抹黑"的自律变成"必须争光"的自觉时，我们的国家就能永葆生生不息的希望与力量。

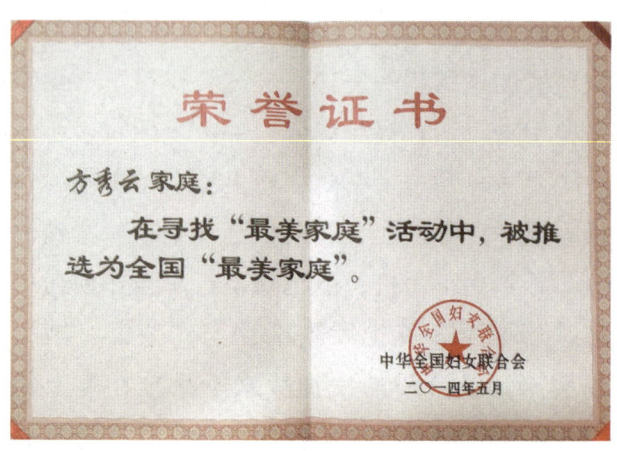

◆ 2014年，杨靖宇后人获评全国妇联授予的"最美家庭"荣誉称号

◆ 2016年，杨靖宇后人获评中央精神文明建设指导委员会授予的"第一届全国文明家庭"荣誉称号

第十一章 不能给爷爷脸上抹黑

曾经，我觉得爷爷离我很远很远，远到我的父亲都无法为他尽孝。现在，我知道爷爷离我很近很近，他是我一生的楷模。在日常生活中，我们从不向别人提及自己是杨靖宇的后人，但作为他的后人，我们倍感骄傲与自豪。我们将这份骄傲与自豪深埋心底，化作默默工作的动力。虽然我们不能像爷爷那样干出惊天动地的大事，但会在普通岗位上兢兢业业、踏踏实实地做好自己分内的事。我想，这就是对爷爷最好的缅怀！

第十二章 扎根吉林,传承红色精神

第十二章 扎根吉林,传承红色精神

我出生在河南,但吉林是我的第二故乡。退休之后,我和爱人带着两个孩子到吉林生活,至今已经六年多了。吉林省各级党委和政府对我们一家非常关心,两个孩子分别在长春大学特殊教育学院、共青团磐石市委工作,我们心中充满温暖与感激。

2019年,当我们一家刚出机场,几名手捧鲜花的志愿者就走上前来,将鲜花送到了我们夫妇手中,现场还有"欢迎来到长春安家立业"的标语。刚下飞机的我们被眼前的欢迎场面感动得热泪盈眶。我是踏着爷爷杨靖宇的足迹而来——他曾率东北抗联战士为这片土地战斗至最后一刻,壮烈殉国后安葬于此。来到吉林省,既是缅怀先辈,更是为了弘扬东北抗联精神。我们虽难以企及爷爷的英雄壮举,但定当尽己所能,为吉林省的发展贡献力量。

落户长春后,我致力于传承红色基因,宣

讲东北抗联精神及爷爷杨靖宇的英雄事迹。

  站在爷爷战斗过的土地上讲述他的故事,我总能从听众湿润的眼眶与真挚的反应中,感受到跨越八十五年的精神共鸣。

  2023年秋天,在通化市的一所中学里,一个戴着红领巾的男孩问:"杨靖宇将军饿着肚子打仗,后悔过吗?"我分享了爷爷在桦甸头道溜河会议上的抉择:"抗日联军,你不抗日,躲到山林里,日本鬼子能自己跑了吗?我不能走!咱们一走,没有了抗日的枪声,老百姓就会觉得没有抗日救国的希望了。就算死,我也要死在战场上!有我在,东北抗联的旗帜就在!"男孩后来在作文中写道:"英雄不是不害怕,而是害怕时依然向前。"

  2021年起,我担任吉林杨靖宇干部学院兼职教师,参与访谈教学课程《靖宇精神薪火相传》,百余次向来自全国各地的学员讲述"桦树皮传家宝""九字家训"等红色家风故事。一位年轻学员课后流着泪说:"对比杨司令啃树皮的岁月,我哪有资格抱怨驻村苦!"

第十二章 扎根吉林,传承红色精神

每次宣讲后,我都会收到听众的纸条,有孩子手写的"我要当解放军",有后辈写的"敬仰先辈"的感怀……我都深感自己只是精神传递链中的一环。如今,当我看到东北抗联精神融入乡村振兴规划、孩子们的理想信念教育时,便知道爷爷当年的坚守已化为黑土地的养分。

我的大儿子马铖珺是听障人士,现就职于长春大学特殊教育学院。这所于1987年成立的国内首批面向全国专门招收残障学生的特殊教育高等学府,铖珺在此工作,既能提升专业技能,又能更好地融入社会。我叮嘱他要时刻牢记烈士后代的责任,尤其要注重在残障学生中传播东北抗联精神,通过党史学习凝聚奋进力量。

我的小儿子马铖明2019年从天津大学毕业后,通过吉林省选调生考试,来到吉林省白山市靖宇县靖宇镇保安村担任村书记助理。在铖明很小的时候,我就常给他讲曾祖父的故事,他知道自己的曾祖父是一位英雄,但对曾祖父的认知大多停留在故事里、书本上、银幕中。2018年9月,还在读大四的铖明和新华社吉林分社的记者一同参加了"重走抗联路"活动,走进深山密林,寻访曾祖父杨靖宇战斗的足迹。他们冒着大雨,踏着泥泞的山路,翻山越岭,寻访密营,见到了司令部、被服所、修械所、晒谷场,尝了当年东北抗联战士充饥用的橡子、树皮等食物。这里的百岁老人讲起当年和曾祖父相遇的场景,怀念与崇敬之情溢于言表。短短几天的经历,让曾祖父的形象在铖明的心中更加鲜活,他真切地感受到了曾祖父和东北抗联抗日斗争的艰苦卓绝,感受到了吉林人民对英雄的尊敬和热爱。这次经历也对他的人生选择产生了深远的影响。2019年6月,临近大学毕业的铖明收到多家公司的录用通知,当时他是有机会留在大城市工作的,但思虑再三,他选择来到吉林省白山市靖宇县靖宇镇保安村工作,在曾祖父战斗过的地方书写青春。

作为一名成长于郑州、求学于天津的"城市

青年",初到保安村时,语言与文化的双重障碍让铖明深刻地感受到基层工作的挑战。他用近两年的时间扎根基层:包保十一户贫困户,宣讲政策、核算分红、整理档案。村民从质疑"城里娃能干啥"到主动端来玉米粥,这一过程见证了从陌生到信任的转变,是"以诚换诚"的最好注脚。2019年年底,保安村一百三十四户二百三十九人全部实现脱贫;2020年年底,靖宇县摘掉了贫困县的"帽子",城镇和

第十二章 扎根吉林,传承红色精神

◆ 马铖明参加新华社吉林分社"重走抗联路"活动

农村常住居民人均可支配收入较2015年分别增长百分之四十和百分之八十,昔日穷山村变成中药材基地,人参、五味子、灵芝等中草药打开了农民增收致富之门。保安村四公里外,就是马铖明的曾祖父牺牲的地方。先辈的精神就像一盏明灯,一直照亮着铖明,指引着他扎根基层,将青春和热血奉献给这片土地。

磐石红石砬子抗日根据地是中国共产党在东北创建的第一块抗日游击根据地,也是中

◆ 马铖明在保安村一村民家中走访

国工农红军第三十二军南满游击队的诞生地，创建于1932年底至1933年初，爷爷以这里为中心开辟了全国最早的抗日战场。红石砬子抗日根据地遗址位于今天的磐石石虎沟村、官马新村。2022年，铖明赴磐石参与乡村振兴工作。如何使磐石的红色历史成为丰富的旅游资源，帮助村民拓宽致富路，让这片祖辈曾经流血战斗过的土地焕发出勃勃生机，成为铖明经常思考的问题。铖明曾经跟我讲过："和太爷爷带领队伍时一样，磐石有很好的群众基础。"

得益于在靖宇县积累的基层工作经验，在石虎沟村和官马新村工作期间，铖明与村干部、村民打交道更加得心应手。推动民房改造、灵芝种植、红色民宿建设，三个月建成十九间主题民宿、五十七栋灵芝大棚，年产孢子粉约一万八千斤……铖明说："太爷爷用枪声凝聚民心，我们用发展告慰先烈。"

2021年清明节来临之际，马铖明给太爷爷写了一封跨越时空的家信。

我的爷爷杨靖宇

亲爱的太爷爷：

我是马铖明，马从云的孙儿。这封家书我想寄给1940年2月22日那个夜晚的您。那天正是农历正月十五，您一定很思念家人吧？您自1928年离开家，已整整十二年，我的爷爷马从云只知道父亲名叫马尚德，却从未听过杨靖宇这个名字。我真的不希望23日到来。想必您也知道，敌人已环伺四周，他们人多势众，武器精良。而您，只能以棉絮、树皮充饥，孤身作战。

年幼时，我一度不明白，太爷爷，当年您明知敌人势大，为什么不选择暂避风头，转移到苏联或者躲进长白山深处呢？作为家人，我多么希望您选择暂时转移，然后活到抗战胜利，活到与妻子、孩子团聚的那天。

带着这个疑问，我也来到了长白山下，循着您曾经战斗过的足迹，去找寻问题的答案。我走过了密林深处的抗联路，尝到了难以下咽的橡子、树皮等食物。每到一处，都有

第十二章 扎根吉林，传承红色精神

许多人给我讲述您的故事，让我心中的您愈加清晰。

去年，一场疫情席卷世界，我也冲到了防疫的第一线。因为血脉里的声音告诉我，杨靖宇的后人，哪怕做不成惊天动地的大英雄，也要倾尽力量，去守护自己热爱的这片土地和人民。

大学毕业后，我来到了您最后战斗、牺牲的地方工作锻炼，如今这里叫靖宇县。去年，大家一起努力，让靖宇县摘掉了贫困县的"帽子"。现在，大家又在思考如何过上更加富裕美好的生活。我在这里的每一天都过得特别充实。

我也渐渐理解了您当年坚定留下的理由。是因为您在，东北抗联的旗帜就在，老百姓抗日的信念就在。所以，您不退！永远不退！

此刻，您在1940年那个寒冷的夜里，而我在2021年清明节前夜。与您对话，我想，您会为我能理解您的坚持而感到欣慰吧。

亲爱的太爷爷，今后，我也会和这里的人们一同奋斗，陪在您身边。我的太爷爷没有消逝在1940年的冬天，而是永远融入了这片他用生命守护的天地。

您的曾孙　马铖明
2021年4月3日

吉林是一片浸染着先烈热血的红色沃土，从抗日战争、解放战争到抗美援朝战争，涌现出了无数可歌可泣的英雄。爷爷三十五岁时用生命践行了对党和人民的誓言，这是那个时代无数有志青年的共同选择。历史的接力棒传到我们这一代，我们要继续传承红色精神，追随爷爷的脚步，扎根吉林。我一定要把爷爷的故事、东北抗联精神等吉林红色文化讲好，讲给身边的人听，讲给更多的人听。只有不忘历史，才能开创未来。

扎根泥土，方知山河厚重。未来之路，我

第十二章 扎根吉林，传承红色精神

仍然会用"严要求、重责任、懂知足"九字家训要求自己，也激励马家的孩子们，把青春和热血奉献给这片英雄的土地。愿红色基因代代相传，愿锦绣山河万古长青。

后 记

"崇尚英雄才会产生英雄,争做英雄才能英雄辈出。"今年是中国人民抗日战争暨世界反法西斯战争胜利80周年,也是东北抗日联军主要创建者和领导人杨靖宇将军诞辰120周年、殉国85周年。"国之大事,在祀与戎",在这个承载着民族记忆的历史坐标上,我社策划了《我的爷爷杨靖宇》一书,以告慰先烈,勖我后人。

吉林是东北抗日联军创建地,中国共产党领导下的第一支抗日武装诞生于此。吉林也是东北抗联第一路军的建军地,更是东北抗日联军旗帜性人物、民族英雄杨靖宇将军战斗至最后一刻,壮烈殉国的地方。今天的杨靖宇,早已化作白山松水间顶天立地的丰碑,屹立在亿万中华儿女心中,成为激励后人的精神旗帜和爱国主义教育的红色名片。

2015年,我在吉林音像出版社工作,适逢纪念抗战胜利70周年,社里策划了四集纪录片《我的爷爷是抗联》,其间,我有幸结识杨靖宇、周保中、李兆麟、赵一曼等抗日英雄的后人,杨靖宇将军的孙子马继民先生最令我难忘。我与继民素昧平生却一见如故,他方方正正的脸盘、明亮有神的眼睛,尤其是向两侧上方延展的浓眉,如同京剧里化过装的武生,浑身透着一股英雄气。那一刻,我仿佛看到了杨靖宇将军威武高大的身姿。当时正值清明前夕,山区冰雪未融,继民陪我走遍杨靖宇将军的重要活动地点:通化、靖宇(濛江)、磐石……他一路奔走,一路讲述,毫无"架子",许多故事我都是第一次听到。功夫不负有心人,这部纪录片成功入选"纪念中国人民抗日战争暨世界反法西斯战争胜利70周年"主题出版重点出版物选题。这种"小切口、大主题"的策划理念也成为我此后做出版选题时的一贯坚持。我曾与继民谈及,想将他口述的故事整理成书,他提议应由哥哥马继志来做，哥哥马继志对爷爷的事迹了解得更多，讲得也更深刻。

  2020年，我到吉林杨靖宇干部学院学习，有幸聆听马继志先生讲述杨靖宇将军的课程《靖宇精神 薪火相传》。从他的讲述中，我不仅看到了作为抗战英雄的杨靖宇，更了解到了作为家人的杨靖宇富有人情味的一面。学习期间的现场教学由教研部主任王莹老师讲解，她仪态端庄、语调抑扬顿挫，对杨靖宇将军及东北抗联的事迹如数家珍、娓娓道来，让我对将军的精神世界有了更立体的认知。学院后面即是杨靖宇烈士陵园和东北抗联纪念馆，也是现场教学点。出于出版人职业的敏感，我萌生想法：可否将马继志的口述内容，由王莹、金华彬两位老师整理润色，共同创作一本《我的爷爷杨靖宇》，从全新的角度，从小切口进入，更加鲜活地再现杨靖宇将军。当天午饭后，我有幸约到马继志先生和王莹主任，谈及此想法。因彼此早已熟悉，沟通十分顺畅，两位欣然应允，这本书便由此诞生。

讲述杨靖宇将军的书籍不少，但以口述形式讲述其背后故事与鲜为人知细节的书，这是第一本。读者能在书中看到一位誓死抗倭的英雄、一位文武兼资的热血男儿、一位亲切如家人的杨靖宇的形象，生动而自然、真实而鲜活。透过将军的人生轨迹，我们既能了解东北抗联艰苦卓绝的斗争历程，又能感悟"严要求、重责任、懂知足"的红色家风，更能深刻领会以"忠诚于党的坚定信念、勇赴国难的民族大义、血战到底的英雄气概"为内涵的东北抗联精神。值此重大时间节点，我社推出这本书，不仅是缅怀英烈、回顾历史，更是响应时代的呼声。让党员干部从英雄事迹中汲取奋进的力量，筑牢信仰之基；让青少年在鲜活的故事里厚植家国情怀，传承红色基因。让我们共同铭记先烈用生命谱写的红色历史，守护好这片浸润着英雄热血的黑土地，坚守中国共产党领导人民创立的社会主义伟大事业并世世代代传承下去。

吴文阁
2025 年 7 月 1 日

国家区块链+版权创新应用
·可信数字版权生态示范项目·

·读者须知·

本书已接入可信版权链正版图书查证溯源交易平台,"一本一码、一码一证"。扫描上方二维码,您将可以:

1. 查验此书是否为正版图书,完成图书记名,领取正版图书证书。

2. 领取吉林人民出版社赠送的购书券,可用于在版权链书城购买吉林人民出版社其他书籍。

3. 领取数字会员卡,成为吉林人民出版社读者俱乐部会员。

4. 加入本书读者社群,有机会和本书作者、责任编辑进行交流。还有机会受邀参加本社举办的读书活动,以书会友。

5. 享受吉林人民出版社赠予的其他权益(通过读者俱乐部进行公示)。

庆今日克复郑汴澄清黄河水
祝他年直捣幽燕扫尽长城灰